MW00976779

O AMOR é a fonte do conhecimento

"O amor é de essência Divina e todos vós, do primeiro ao último, tendes no fundo do coração a centelha desse fogo sagrado".
(O Evangelho Segundo o Espiritismo)

Texto revisado com a inclusão de índice remissivo
23/02/2021

Meus agradecimentos

A Deus nosso Pai e a Jesus nosso Mestre.

À minha doce mãezinha Benedita Pini e a meu paizinho João Pini que já atravessou o Portal e nos aguarda a todos na Espiritualidade. A esses dois Anjos, eu devo tudo.

Vou destacar especialmente dois colaboradores diretos.

O primeiro, meu genro e filho amoroso Denis Silveira, o excelente revisor do texto, que não poupou esforços em buscar a melhor formatação, suprir as minhas falhas de digitação e, claro, os incontáveis erros da mais variada ordem. Meu genro Denis, foi também meu primeiro leitor. Aliás, foi ele a pessoa que me instigou e incentivou a escrever alguma coisa sobre as minhas ideias e reflexões. O Denis, inclusive, elaborou um cronograma no final do ano de 2018 que eu deveria cumprir até 12 de dezembro de 2019.

Cumpri; e passei a revisão do texto para ele.

Eu estava apreensiva com a impressão que o texto causaria a ele, porque, claro, ele passaria a ser a minha referência com relação a outros leitores. E meu amoroso genro me enviava frases ricas de carinho a cada dois capítulos que lia. Fiquei bem feliz com meu primeiro leitor. Significava que uma pessoa estava sensibilizada pelas minhas experiências e reflexões. Suficiente para considerar que valeu a pena realizar esse trabalho. Obrigada Denis!

O segundo colaborador, é a minha incansável filha Guta. Findou sendo a segunda revisora que, lendo o texto para prefaciá-lo, também o melhorou especialmente com relação à gramática e concordâncias.

Obrigada Guta pela revisão e pelo Prefácio.

Gostaria muito filha, de merecer as palavras com as quais você se referiu a mim, mas fico feliz que as tenha dito. Você foi preciosa chamando a atenção do leitor para uma das mais cintilantes pérolas do precioso colar que o Espírito Emmanuel pela mediunidade abençoada de Chico Xavier nos legou em primeira mão, a nós brasileiros!

Ao Espiritismo e ao Evangelho de Jesus, que já nos anos verdes da minha existência encheram de sentido e segurança o caminho que me caberia trilhar.

Às minhas **onze ovelhas**. Os filhos que Deus me permitiu maternar nesta Vida. São vocês, meus queridos a minha Obra mais importante!

Finalmente ao leitor a quem espero ser útil de alguma forma.

PREFÁCIO

Com quantas almas nobres tivemos a oportunidade de conviver, ainda que por breves momentos, sem que nos déssemos conta?

Essas almas iluminadas, verdadeiros colaboradores dos Céus para a regeneração da humanidade, apagam-se diante de nós numa profunda lição de renúncia e humildade.

Mas, se sairmos da mecanicidade e acordarmos do orgulho entorpecedor, poderemos reconhecer esses seres angélicos. São muitos os sinais. Mas é preciso estar desperto.

Era o ano de 2008 e, ao ler o trecho a seguir do livro Renúncia[1], despertei de um sono de 23 anos:

Já ponderaste nos obstáculos imensos? Lembra que o próprio Jesus, penetrando na região terrena, foi compelido a se aniquilar em sacrifícios pungentes. Recorda que as leis planetárias não afetam somente espíritos em aprendizado ou reparação, mas também, os missionários da mais elevada estirpe. Experimentarás, igualmente, o olvido transitório e, embora não tanto agravados em virtude de tuas conquistas, sentirás o mesmo desejo de compreensão e a mesma sede de afeto que palpitam nos outros mortais

Era o sinal! Aquelas palavras poderiam, em absoluto, descrever a vida de minha mãe até aquele momento e os anos que se passaram só confirmaram que eu estava diante de um ser da mais elevada estirpe.

Sua presença e magnetismo marcantes provocam dois tipos reações:

Amá-la, reconhecer na sua vida frutos doces e abundantes do trabalho com Jesus, manancial de virtudes do qual estamos há séculos de distância.

---

[1] Autoria do Espírito Emmanuel pelas mãos abençoadas de Chico Xavier.

Ou deixar-se dominar pelo medo que sua coerência gritante provoca e que arrebata do sono até o mais orgulhoso. Com medo deste grito mudo é comum buscarem, sem sucesso, apontar as sombras que apenas em seus próprios olhos cegos existem.

Eis a autora deste livro que tenho a honra de prefaciar.

Sua personalidade está, agora, imortalizada nas páginas desse oásis que, na falta de palavra mais fiel, chamamos de livro.

Ao ler "O amor é a fonte do conhecimento" a sensação era a de que eu estava em mais um dos diálogos com minha mãe. Ela está aqui, em cada frase. Nas referências ao Espírito Joanna de Ângelis como "Dona Joanna", ao arco-íris, ao inolvidável Viktor Frankl cuja filosofia é apresentada de forma brilhante e em toda a sua essência.

Para Carl Jung "quem olha pra fora sonha, quem olha pra dentro desperta".

Márcia Pini coloca à disposição do leitor mais de 40 (quarenta) anos de estudo reflexivo e o faz com objetividade rara. Leitura que prende, mas liberta. Desperta.

Boa leitura.

Guta Pini

Amarás a Deus

Amarás a Deus! Sim, tu amarás!
Não é imperativo, é afirmação.
Eu falo isso com música para acessar a tua emoção.
Amarás a Deus, sou Eu quem te digo; não somente dizem os
Antigos.
Eu te afirmo que tu amarás!
Basta que não tenhas medo.
Eu sou o teu irmão, Aquele que nasceu mais cedo.
Bem mais velho, Eu conheço mais; estudo a Lei muito tempo
atrás.
Mas onde está Deus? Perguntarás.
Ele está bem ali... Ali naquele raio de sol que toda manhã para
ti sorri.
Na gota de orvalho, que caiu no pó, e acabou fecundando a
semente do belo Carvalho, que servirá de sombra quando
estiveres só.
Vejas Deus Comigo, na luz do luar, que ao cair da noite vem te
abençoar.
Deus está em tudo, em toda a Criação.
Mas guarda morada, no teu coração!
Eu sou o teu Irmão, Ele é o nosso Pai.
Já te falei isso em Cafarnaum... E depois, exausto, repeti na
Cruz...

O Pai está tão perto, de você e de Mim, nas Leis do Universo, do
princípio ao fim...

Coragem de amar

Francisco de Assis... Madre Tereza... Irmã Dulce... Quantos mais... Aqueles que pagaram o preço da solidão pela ousadia de amar incondicionalmente.

Francisco precisou morrer solitário numa cela aos fundos de um convento gélido, envolvido pela escuridão do mundo para que esse mesmo mundo não lhe ouvisse as canções de amor que partiam de seu coração juvenil.

Por agora não é permitido lembrar a memória de Francisco, o jovem cantor de Assis sem os mais variados qualificativos elogiosos e hipérboles intermináveis.

Assim hoje; não ontem. Porque o tempo é esse Senhor que tudo apaga para que a luz da Verdade resplandeça.

Francisco! O Amor sem rótulos, sem classe nem sistemas. Só o Amor, por tudo e por todos. Mas um amor tão inesperado neste mundo de trevas densas, que precisou ser esmagado para sobreviver no tempo do amanhã. Um jovem cantor que se permitiu amar toda a Criação com pureza e intensidade quase insuportáveis para a hipocrisia da época. A água viva e pura que os preconceitos se recusaram a sorver.

Em nossa vez permanecemos iguais; nossa irrisão e cegueira hão torturado os anjos que caminham conosco.

Porque eles, os anjos, estão entre nós para expor os sofismas e derrubar as regras que levantamos contra nós mesmos, fundadas em opiniões vazias que, ao longo dos séculos, sustentam os interesses das árvores estéreis que nosso Pai Celestial não plantou.

Só o amor sobreviverá, porque só Ele é real; mas *é preciso coragem para amar.*

Meus recortes...

A intuição revela: a Vida tem um sentido e o conhecimento espalhado no Universo está disponível a todos que integramos essa rede de solidariedade. E mais: existe uma chave de acesso ao portal dos saberes.

Estes escritos são as minhas reflexões de quarenta anos, ou mais, sobre essa questão.

Tentei formatar, quanto possível, didaticamente o que considero **recortes de luz**.

Fui reunindo fagulhas de pensamentos de alguns Iluminados que facilitam a compreensão do homem como ser integral.

Com o objetivo de me conhecer melhor, estudei algumas obras. Um estudo solitário que justifica, em parte, as falhas. Mas gostei muito deste caminho, fato que aos 62 anos de idade já posso afirmar com certa possibilidade de não mudar de ideia. Meu coração está repleto de gratidão a Deus e aos amigos espirituais que sempre me acompanham e me inspiram os melhores textos a fim de que não me perca muito no emaranhado das disponibilidades.

Então fui fazendo anotações, comparações, e me deparei, repetidamente com o pensamento de Jesus em todos esses fragmentos do conhecimento humano. E com o perfume do Espiritismo, roteiro da minha Vida desde os anos verdes desta existência.

Quero esclarecer, também, o eixo central de um conhecimento novo - início do século passado - do místico e mestre espiritual armênio Georgiĭ Ivanovič Gĭurdžiev, reconhecido como o iniciador da quarta força da psicologia.

Seus ensinos dispersos foram até certo ponto compilados pelo seu mais notável aluno, Piotr Demianovich Ouspensky, filósofo, matemático, físico e, porque não dizer, psicólogo.

Os que já tiveram a oportunidade de acessar os escritos de P. Ouspensky verão que eu modifiquei algumas expressões, adaptando-as ao próprio entendimento, já que meu raciocínio é de alguém que transita melhor na área das ciências humanas. Por isso, quanto possível, substituí números por expressões conceituais. Mas só isso. Nada mais que isso.

Assim, que posso dizer? São meros recortes. Recortes de luz que colei ao sabor das minhas reflexões e crenças, transformando-os no produto que agora disponibilizo, supondo que seja útil para alguém, assim como tem sido para mim.

Márcia Regina Pini.

Qual o meio prático mais eficaz que o tem o homem de se melhorar nesta vida e de resistir à atração do mal? "Um sábio da antiguidade vo-lo disse: Conhece-te a ti mesmo."[2]

Introdução

A visão do homem multidimensional é recente.

A psicologia, ciência incipiente, preencheu alguns vazios desse abismo que guarda o segredo das milenares e permanentes questões: *quem sou de onde vim que faço aqui, para onde vou.*

A observação que o homem há feito de si mesmo é insuficiente do ponto de vista da sua integralidade: o corpo, a mente, o psiquismo, a alma, o espírito.

Isso se justifica porque a relação com o mundo material é a que nos sensibiliza mais imediatamente.

A matéria é fascinante; atende às necessidades básicas, de conforto, de prazer, de sobrevivência.

---

[2] O LIVRO DOS ESPÍRITOS, Questão 919. Allan Kardec. Ed. FEB.

A dimensão densa confere a sensação de individualidade e consciência de nós mesmos compondo esse ecossistema. Entretanto, apenas sensação.

A civilização, numa relação de eternidade, se distancia meros segundos do período das cavernas. Nesse espaço tempo, nossa existência tem sido a de seres fisiológicos empenhados na sobrevivência com pouco, ou até nenhum, ideal de nobreza.

Ocorre que o universo é regido por leis naturais e imutáveis e que a elas tudo está sujeito.

A lei do progresso é uma delas e nos encaminha a todos, inexoravelmente, um a um, dia a dia, no sentido e na direção da compreensão de que a matéria é uma luz que se condensou; que em essência somos imortais; somos filhos da Luz e nascidos com a destinação de nos encontramos a nós mesmos!

Outra lei, a da evolução, revela no tempo certo – no momento em que acontece a revolução industrial – a ciência da alma e a ciência do espírito imortal.

A dor e o medo das mudanças que obrigaram o homem abandonar o conforto da rotina para os desafios da industrialização vieram ladeados pelo consolo do entendimento da nossa imortalidade.

O homem começou a questionar mais profundamente sua origem e destinação, sendo levado naturalmente a buscar respostas para questões que até então não o interessavam.

Personalidade, ego, id, superego, *selbst* ou *self, anima, animus, psiqué....*, neologismos que se sucederam na tentativa de expressar conceitos e definições necessários para compor a paisagem. As sementes dos antigos filósofos tiveram sua dormência quebrada pelos aguilhões dos desafios e começaram a germinar.

Que é a alma? Onde está a sede da alma? Eu e meu corpo? Sou corpo ou tenho corpo? Afinal, quem sou eu?

Em 1857, no dia 18 de abril, o Espiritismo comparece para cumprir uma tarefa importante: revelar aos homens que a Vida é eterna, que o espaço é infinito, que nada perece, nem se perde, nem se vai para sempre. A Revelação Espírita precede incontáveis constatações científicas.

O Espiritismo, com a missão de consolar e esclarecer as almas esquecidas de si mesmas, chega quando o poder da Igreja é solicitado a explicar o jugo que imprimiu no povo cativo proibindo o pensamento livre.

Equivocadamente, mas inevitavelmente, o século das luzes expulsou "deus" das academias.

A ciência, num movimento contrário ao cativeiro de séculos, amordaçou quantos tivessem a audácia de cogitar a existência de algo além do puramente material.

Era a ciência repetindo o equívoco da religião, fechando-se a qualquer ideia que pudesse acrescentar às suas descobertas outra dimensão que não a conhecida dos cinco míseros sentidos humanos.

Assim o Espiritismo se autodefine como a ciência que vem estudar as dimensões do existir. Mas também demonstra cientificamente que cada conhecimento científico gera uma consequência moral.

Renascia em meio ao mais acirrado materialismo, **a religião.** A religião substantivada como aquela que é uma das vias do acesso ao conhecimento da verdade, sem ser a verdade. Assim como a ciência e a filosofia igualmente constituem caminhos de acesso à verdade, mas não a são.

Allan Kardec leva aos Espíritos Nobres nossas cogitações transcendentes. Respostas e mais respostas vão sendo obtidas; eram as luzes do Céu jorrando sobre a Terra sofrida.

O Nobre codificador do Espiritismo tem o cuidado de deixar a última palavra para ciência, a fim de que esta não O viesse calar.

E a ciência, até o momento em que escrevo estas linhas não precisou se manifestar – para contradizer - uma só vírgula da Revelação Espírita.

Que é a alma? Pergunta Allan Kardec na questão 134 de *O Livros dos Espíritos:*

"Um Espírito encarnado".

Essa resposta, contextualizada com outras questões que a seguem, nos revela que a alma é a parcela consciente do Espírito que se manifesta no mundo das formas que podemos conceituar como a personalidade.

A personalidade, esse momento específico do ser reencarnado, é o que entendemos por alma. Essa expressão nossa neste mundo de trevas densas, em busca de um raio de luz.

A personalidade será responsável pela realização do programa previamente definido antes da imersão nas limitações e na inconsciência próprias da experiência no corpo.

O homem do ponto de vista da evolução.

O homem já foi estudado a partir de inúmeros pontos de vista.

O Espiritismo, no seu aspecto de ciência de observação, coloca-se na plataforma da lei de evolução universal para estudar o homem.

O Livro dos Espíritos, primeira obra básica do Espiritismo, veio a público no dia 18 de abril de 1857 trazendo os conceitos de evolução.

Somente no ano de 1859, a 24 de novembro, a humanidade iria manter contato com as ideias evolucionista de Charles Darwin, com o lançamento do livro "A origem das espécies".

O Espiritismo é o precursor do evolucionismo e nele estrutura a sua tese.

Sobre a encarnação dos Espíritos conforme o Espiritismo.

Qual o objetivo da encarnação dos Espíritos?
"Deus lhes impõe a encarnação com o fim de fazê-los chegar à perfeição. (...)[3]
Têm necessidade da encarnação os Espíritos que, desde o princípio, seguiram o caminho do bem?
"Todos são criados simples e ignorantes e se instruem nas lutas e tribulações da vida corporal. (...)[4]
"(...)A evolução é programa de eternidade. A vida física é degrau de ascensão que nenhum de nós desprezará. Todavia, convém lembrar que, cessada a fase reencarnacionista, a alma continua crescendo em amor e conhecimento, fora das vibrações da Terra, noutros redutos evolutivos". [5]

Podemos entender a alma a partir do nosso estágio evolutivo, como sendo a *personalidade que vivencia as experiências cujos resultados deverão intelectualizar e moralizar a matéria revertendo-a para a condição de luz a fim de que enriqueça o Espírito no rumo da perfeição.*

---

[3] O Livro dos Espíritos. Allan Kardec. Editora FEB. Questão 132

[4] O Livro dos Espíritos. Allan Kardec. Editora FEB. Questão 133.

[5] FRANCO, Divaldo Pereira. Otília Gonçalves. ALÉM DA MORTE, pág. 220. Ed. LEAL, 6ª. Edição.

De maneira geral, à exceção dos anjos que caminham conosco e entre nós, é verdadeiro afirmar que as experiências do homem comum, são basicamente reativas ao meio.

A proatividade na maioria das vezes é apenas aparente. Em grande número, o homem estará reagindo à influência de faculdades desconhecidas ou aos condicionamentos que desenvolveu anteriormente por fatores incontáveis. O homem então é um prisioneiro de si mesmo, que anda em círculos viciosos sempre recomeçando. Novas vestes, novo cenário, que darão por resultado *mais do mesmo.*

As outras faces.

Esse homem reativo cuja personalidade tem por missão transformar a matéria em luz, é constantemente visitado por *faces ocultas de si mesmo* e pode assumir momentânea ou por largo tempo, *outro eu*, até então ignorado, desconhecido.

Para Piotr Demianovich Ouspensky[6] o resultado disso é a coexistência de incontáveis "poderes internos", incoerentes e conflitantes. O poder prevalecente será definido sempre pelo interesse imediato que objetive sustentar a tese apresentada.

Esse homem é puramente existencial. A sua essência está adormecida, letárgica, quiescente.

Por não possuir unicidade, esse homem terá reações subordinadas aos estímulos que venham do corpo onde a alma se expressa ou do mundo exterior. É um homem praticamente submetido pelo império da matéria que ele deve conquistar e dominar, a fim de a intelectualizar e moralizar.

---

[6] Pedro Ouspenski. Considerado o melhor aluno de Georgiĭ Ivanovič Gĭurdžiev ou George Ivanovich Gurdjieff.

"A diferença entre o sábio e o ignorante, o justo e o ímpio, o bom e o mau, procede de serem uns, educados, outros não.

O sábio se tornou tal, exercitando com perseverança os seus poderes intelectuais.

O justo alcançou a santidade cultivando com desvelo e carinho sua capacidade de sentir.

Foi de si próprios que eles desentranharam, pondo em evidência aquelas propriedades de acordo com a sentença que o Divino Artífice insculpiu em suas obras: "Crescei e Multiplicai". (...)

O Reino de Deus (que é o da verdade) não se manifestará com expressões externas, por isso que o Reino de Deus está dentro de Vós".[7]

Mudar a própria realidade, saindo da reatividade, exige desejo real e esforço consciente.

Esforços conscientes diminuem a interferência da matéria sobre o Espírito, possibilitando se efetive o início da mudança necessária. Nesse contexto, mudança significa o nascimento do homem diferente, com potencialidades ainda não conhecidas.

A base de sustentação aos esforços conscientes é a compreensão de que não estamos prontos; que somos incipientes no processo de autodescobrimento.

A regra da evolução.

A única alternativa para o homem é tornar-se melhor adquirindo qualidades e faculdades que não possuía, compreendendo que suas realizações eram, até então, fruto de reações a humores internos e circunstâncias exteriores.

Tornar-se melhor... é a regra da evolução.

---

[7] Vinícius - NA SEARA DO MESTRE, pág. 170 - Ed. FEB - 6ª edição.

A indisposição sistemática para os esforços que a mudança exige, em algum momento, acionará a lei do progresso e o homem será impulsionado pelo poder da espora.

Filhos da Luz, todos seremos alcançados pela regra da evolução.

Maturidade do senso moral.

A maturidade espiritual fará emergir na alma anseios do Ser Essencial latente. É a *Divindade*, o *Reino dos Céus* ansiando por se manifestar.

Conflitos e anseios não experimentados se tornam rotina. Sem mais o gosto pela aventura o tédio vai se instalando quase imperceptivelmente.

A motivação cede lugar à insatisfação e uma sensação de inexplicável vazio inicia o processo de sofrimento da alma.

É a melancolia se instalando... o Ser ansiando pela liberdade que ainda não tem direito desfrutar.

Ao repetir hábitos que fazem parte do passado superado, as frustrações se tornam frequentes; e cresce a necessidade de solidão.

Nasce a solidão ideológica porque os amigos de antes não significam mais troca de energia e alegria; é que já ocorreu o crescimento de forma inconsciente.

O superEu se esforça por instalar-se sobre o homem ainda tão escravo dos condicionamentos.

É um estado de luta interior muito grande. E de sofrimento também. Um sofrimento maravilhosamente positivo se for corretamente interpretado.

O início do despertamento acontece quando o homem observando a si mesmo conclui que não se conhece, que não sabe quais são seus limites, as suas potencialidades; conclui principalmente que está repleto de ideias falsas sobre si mesmo e que é urgente que se conheça para não desaparecer. Não postergar as ações corretivas de curso pouparão ao aprendiz longos períodos de sofrimento.

No livro Ave Cristo[8], o já desencarnado Varro, solicita a Clódio retornar à Terra e permanecer em auxílio do pupilo Taciano. O Nobre Mentor foi categórico:

"... devo notificar-te que Taciano perdeu as melhores oportunidades da juventude física. Valiosos recursos lhe foram ofertados, em vão, para que se erguesse à glória do bem. Agora, não obstante amparado por teu carinho, será visitado pelo aguilhão da dor, a fim de que desperte, renovado, para as bênçãos divinas."

---

[8] AVE CRISTO. Emmanuel. Francisco Cândido Xavier. Editora FEB

(...) O Campo de luta permanece situado em nossa vida íntima. A animalidade versus espiritualidade. Milênios de sombras cristalizadas contra a luz nascente. 9

Início da maturidade

Os conflitos

Em o Evangelho Segundo o Espiritismo, o Espírito François de Genève nos revela importante aspecto desse momento inevitável no processo de autoconhecimento.

"Sabeis por que, às vezes uma vaga tristeza se apodera dos vossos corações e vos leva a considerar amarga a vida?

É que vosso Espírito aspirando à felicidade e à liberdade, se esgota, jungido ao corpo que lhe serve de prisão, em vãos esforços para sair dele.

---

9 XAVIER, Francisco Cândido. Emmanuel. FONTE VIVA, Cap 25. Ed. FEB
10 O Evangelho Segundo o Espiritismo. A Melancolia. Allan Kardec. Capitulo VI, 5. Eidtora FEB.

Reconhecendo inúteis esses esforços, cai no desânimo e, como o corpo lhe sofre a influência, toma-vos a lassidão, o abatimento, uma espécie de apatia, e vos julgais infelizes. (...)"[10] .

O Espírito *François de Genéve* está se referindo ao esgotamento do Espírito que observa o desalinhamento da personalidade com a missão definida antes da encarnação.

A alma imersa no materialismo, do qual já se poderia ter libertado, começa a esgotar as energias do corpo, desvitalizando-o, por se submeter, injustificadamente, aos incontáveis agentes estressores da vida moderna na suposta busca pelo conforto e pelo prazer estéril.

A fuga da missão que deve desempenhar nesse degredo-provação (como *François de Genève* se refere à encarnação) acarreta uma espécie de saudade dos amigos que permaneceram no Mundo Espiritual e dos quais se distanciou ideologicamente.

"Quem está encerrado no materialismo mais limitado e vive inconsciente de si mesmo poderá julgar essa concepção pluridimensional do homem como sendo algo incrível, pois trata-se de alguém que está condicionado pelos sentidos físicos e pela mente concreta, que se baseia no raciocínio lógico, e é incapaz de ir além dos conceitos racionais" (Angela Maria La Sala Batà, em O ESPAÇO INTERIOR DO HOMEM - Editora Pensamento, pg. 17, edição 3 a 10.)

O medo

A metáfora em O Livro de Jonas, no Antigo Testamento, revela o medo.

É o arquétipo do homem que foge apavorado pelo chamado para realizar a própria missão.

A fuga de si mesmo o coloca em densas trevas exteriores.

Ele sente medo da transcendência, da vocação, da missão, do sucesso, da diferença, de ser único, das mudanças, e principalmente, **medo de se conhecer.**

Enquanto Jonas – personalidade - foge da missão, do chamado que o Ser essencial faz, ele bloqueia em si mesmo as expressões superiores trazendo caos e gerando sofrimento para ele e para todos os que com ele se relacionavam.

Tempestades, escuridão, solidão, morte. Três dias e três noites até que Jonas ceda à Voz do Divino dentro dele.

Assim somos nós enquanto reprimimos a Voz Interna cristalizando a intuição, reveladora, essa, do conhecimento essencial.

Sem a intuição funcionando corretamente, passamos a ser dominados pelos condicionamentos dos sentidos físicos.

E os sentidos físicos funcionam como elementos redutores e retentores da realidade trazendo para nós a ilusão de viver.

Nossos condicionamentos

Pedro Ouspensky enfatiza que o homem, condicionado pelos seus sentidos físicos, não encontrou sua dimensão interior, age e reage na condição de máquina com potencialidades meramente anímicas ou materiais.

É o homem físico, que difere pouco da ancestralidade animal.

Não tem movimentos independentes, atua por influências e choques exteriores, realizando funções automáticas com certa provisão de lembranças das experiências anteriores e algum potencial de energia em reserva.

Esse homem físico

É um homem equivocado, iludido pela influência da matéria. Não é livre. A interferência da estrutura anímica é muito poderosa e ele sucumbe diuturnamente a ela.

A estrutura orgânica do homem está de tal forma disposta que ele não fala, nem pensa, nem se move quando e como quer.

A quase insuperável força anímica manipula o homem diuturnamente.

"... cada um se encontra numa disposição psíquica que limita sua liberdade e até mesma a torna ilusória.

O "livre arbítrio" constitui um sério problema, não somente do ponto de vista filosófico, como também do ponto de vista prático (...)

(...) raramente encontramos pessoas que não sejam ampla ou mesmo prevalentemente dominadas por suas inclinações, seus hábitos, impulsos, preconceitos, ressentimentos e toda espécie de complexos. (...)

Não liberdade e possessão são sinônimos. Por isso sempre há na alma alguma coisa que se apodera da liberdade moral, limitando-a ou suprimindo-a

Para dissimular essa realidade verdadeira mas desagradável, e para animar-se no sentido de conseguir a liberdade, as pessoas costumam usar o modismo, no fundo apotropaico, dizendo: 'Eu tenho' a inclinação ou costume ou o ressentimento, em vez de afirmar de acordo com a verdade: 'Tal inclinação ou tal costume me têm'. Mas esta última forma de expressão custar-nos-ia a ilusão da liberdade. (CARL GUSTAV JUNG (Psicologia e Religião, Editora Pensamento. pág. 91,92)

Nicolas Camille Flamarion analisou essa questão:

"Um grande número de homens sofre de verdadeira miopia intelectual e, segundo a imagem precisa de Lemierre, tomam o seu horizonte pelos limites do mundo. (...)

Comodamente assentados, de resto, em suas largas poltronas, esses admiráveis burgueses se conservam imperturbavelmente satisfeitos.

São absolutamente incapazes de admitir o que não compreendem e nem sequer desconfiam de que nem tudo compreendem.

(...) Analisando os testemunhos de nossos sentidos, verificamos que eles nos enganam de um modo absoluto.

Vemos o sol, a lua e as estrelas girarem em torno de nós: é falso.

Sentimos a terra imóvel: é falso. Vemos o Sol levantar-se acima do horizonte: ele está abaixo do horizonte.

Tocamos corpos sólidos: não há corpos sólidos.

Ouvimos sons harmoniosos: o ar não transporta mais do que ondas em si mesmas silenciosas.

Admiramos os efeitos da luz e das cores que fazem viver aos nossos olhos o esplêndido espetáculo da natureza: em realidade não há nem luz, nem cores, mas somente movimentos etéreos obscuros que, influenciando nosso nervo ótico, dão-nos as sensações luminosas.

Queimamos o nosso pé ao fogo: é sem o sabermos, em nosso cérebro somente que reside a sensação da queimadura.

Falamos de calor e de frio: não há, no universo nem calor nem frio, mas somente movimento.

Como se vê, os nossos sentidos nos enganam a respeito da realidade.

Sensação e realidade são coisas distintas. (...)" (CAMILLE FLAMMARION (O DESCONHECIDO E OS PROBLEMAS PSÍQUICOS, Editora FEB, 1.954, pág. 19, 29 e 30).

"Na realidade, os sentidos físicos e a mente nos fornecem uma interpretação não só limitada, mas também ilusória do mundo objetivo". (Angela Maria La Sala Batà ob. cit., pg.17)

Para deixar de ser escravo da sua animalidade, o homem precisa compreender e aceitar o fato de que é manipulado pelas forças anímicas.

Então poderá deixar de ser escravo delas e finalmente encontrar a VERDADE.

"Eu sou a Luz do mundo; quem me segue não andará em trevas, mas terá a luz da vida. (...) Se vós permanecerdes na minha palavra verdadeiramente sereis meus discípulos. E conhecereis a verdade, e a verdade vos libertará". (Jesus - João, 8:12, 31, 32)

Para que vivas em harmonia com os outros e eles contigo, necessitas manter um programa pessoal, mínimo que seja, indispensável aos resultados felizes.[11]

A Impermanência

Possuído pelos seus condicionamentos, pelos seus desejos, prazeres, paixões, e toda espécie de ilusão material, o homem não possui unidade.

Assim é que um mesmo indivíduo pode adotar comportamentos absolutamente diferentes, e mesmo conflitantes em situações idênticas desde que motivado ou instigado por condições exteriores diferentes.

E tais posturas são adotadas sem a menor consciência de sua incompatibilidade.

É um ser múltiplo, incoerente que reage ao sabor das circunstâncias.

---

[11] Vida Feliz. Joanna de Ângelis. Divaldo Pereira Franco. Cap. 14. Editora LEAL.

De maneira geral, as manifestações parecem reproduzir integralmente o Ser e aquela *vontade* expressada submetem o homem perante si mesmo e perante terceiros.

Entretanto, as deliberações de agora podem ser contrapostas segundos depois.

Uma infinitesimal parte desse Ser Multifacetado pode se expressar em determinadas condições comprometendo outras partes que jamais adotariam aquela atitude.

O homem, nas mais das vezes, acredita no seu desejo mais recente sem se dar conta de que pode estar sendo influenciado por fatores externos que permitiram a emergência de *poderes* até então subjugados pela personalidade dominante.

Esse humor passageiro, esse desejo que o acomete, pode não passar de uma ínfima parte de uma função, que não significa praticamente nada perto da essência do *Si*. É comum inclusive que nem mesmo recorde as decisões tomadas sob a influência de suas funções especialmente as mecânicas.

Atitudes antagônicas, incoerentes, são assumidas em curto espaço de tempo; aquele pai que deseja a presença do filho porque está sob influência de certa motivação; em seguida, outro *poder interno* pode se manifestar e aquele mesmo pai se irrita com a própria decisão anterior.

Não é preciso enumerar os danos causados nas relações por essa *multicidade* que compõe a nossa expressão neste mundo.

Essas decisões, adotadas em um estado de consciência que podemos chamar de *sono,* em estados de mecanicidade, não estão sob controle e geram consequências, na maior parte das vezes, indesejáveis.

Amamos nosso companheiro... e não amamos... admiramos e ironizamos; queremos o emprego para em seguida detestá-lo... alegria, tristeza, melancolia, euforia, amargura... sensações consequentes do *poder* momentaneamente dominante.

De modo geral essas demonstrações não condizem com a realidade da nossa vida. São momentos. Relâmpagos. Vêm e vão sem que possamos fazer nada enquanto vivermos na mecanicidade; na *multicidade*.

Pedro Ouspensky denomina essas manifestações de *"eus"*.

Cada vez que um desses *"eus"* se manifesta, desencadeia mecanicamente uma série de outros; alguns andam sempre em companhia de outro, mas não existe aí nem ordem nem sistema.

Escravo da própria mecanicidade, e por lhe faltar valores fortes que lhe confiram um roteiro seguro para balizar sua conduta exterior, para avaliar as suas expressões, o homem passa a ter uma convivência difícil com as pessoas.

É importante, pois, que estabeleçamos um modelo a ser seguido; um paradigma.

Ele será útil nos momentos de exteriorização dos nossos múltiplos *poderes* internos.

O paradigma é nossa *ponte ao futuro* que nos habilitará adotar atitudes coerentes com o modelo eleito para nos guiar, porque as reflexões foram realizadas pelo lóbulo frontal, porque feitas *à priori*.

É uma nova rotina.

Esforço considerável será despendido até que aprendamos estabelecer sempre um espaço e um tempo antes de qualquer reação.

O Paradigma

Os Espíritos nos esclarecem:

"Qual o tipo mais perfeito que Deus tem oferecido ao homem, para lhe servir de guia e modelo?"
Jesus". [12]

Jesus é o nosso guia e modelo.

Entretanto, há um longo caminho a ser percorrido até que O alcancemos.

Antes que nos tornemos "Cristos" precisamos ser cristãos.

Até lá, terá o homem que ascender vários degraus. Um a um.

Cada passo dado na direção de Jesus faz surgir um novo homem.

O paradigma pedagógico deve ser moldado um degrau acima daquele que o aprendiz de si mesmo se sinta situado.

Após a conquista dos valores próprios daquele estágio, estabelece-se outro paradigma; e assim sucessivamente até que o *Cristo Interno* apareça em toda a sua beleza e integralidade.

Precisamos de um padrão de momento; e este deve ser projetado sobre análise detida e honesta das próprias limitações e potencialidades.

Metas ousadas geram frustação e desânimo; inércia gera melancolia e depressão.

Estabelecendo as linhas demarcadoras essenciais, é possível desenhar o homem novo que servirá de molde para ajustar o comportamento, transformá-lo em hábito positivo e, enfim, conquistar em definitivo as virtudes almejadas.

---

[12] O Livro dos Espíritos. Allan Kardec. Editora FEB. Questão 625

Definir tempo e espaço para reflexão e trabalho sobre si mesmo é fundamental.

Qual o tom de voz do homem que pretendo ser?

Qual é o ritmo do seu caminhar?

Suas expressões: de ação? de reação?

Elaborado o modelo passível de ser alcançado, é imprescindível seguir o conselho de Jesus: "vigiar e orar".

Atenção e vigilância, momentos de meditação e oração para prever as circunstâncias que colocarão o paradigma à prova e definir com antecedência as respostas adequadas.

Repetindo-se o padrão por um tempo determinado, ele se haverá de incorporar à personalidade por condicionamento.

E isso é bom.

Podemos acreditar que isso é bom e necessário e que já estamos bastante atrasados relativamente ao que poderíamos ser e ainda não somos por irrisão e cegueira.

"Vamos nos preparar para um trabalho a ser feito sobre nós mesmos, visando aumentar o campo de nossa consciência e a incluir em nosso conhecimento e em nossa experiência subjetiva todos os níveis e dimensões de nosso ser, transformando-nos, assim, em homens completos e realizados".[13]

Trabalhando sobre nós mesmos

É possível realizar mudanças em si mesmo?

Mudar é possível, se o homem admitir que está inacabado; que é um ser precário em poderes e capacidades, mas que, infelizmente, acredita possuí-las, enganando-se a si mesmo.

Em estado latente, aguardando o agente que quebrará a dormência, somos sim todos "deuses"; mas ainda estamos dormindo.

Para despertar é preciso desejar sair do estado de inércia; substituir a comodidade do sono, da repetição de memórias e condicionamentos que já não servem mais, por outro de ação, de atitude.

---

[13]Angela Maria La Salá Bátá. Obra citada. Pág. 21.

Levantar e buscar a luz, a fim de andar como filhos da luz que somos todos nós.

É natural que sobrevenham receios; medo.

E justificar os que galgaram postos espiritualmente avançados como seres dotados de privilégios e possibilidades incomuns, definindo-os como *santos* ou *missionários*.

Reconhecer os esforços que fizeram para chegar onde se encontram implica admitir que se foi possível para eles, é possível para nós também. Aplaudi-las é mais fácil que imitá-las.

No entanto, qualquer biografia de pessoas notáveis mostrará que sua atitude superior é fruto de um exaustivo trabalho sobre si mesmo.

São seres humanos comuns, apenas cansados do passado vil e cruel que protagonizaram.

Seres humanos que optaram pela mudança, e mudaram, ascendendo. Esse fator é muito confortante. Nada há de especial nas pessoas especiais que não se possa conquistar.

É possível, sim, adquirir capacidade de fazer, individualidade, unicidade, permanência e vontade. Tais aquisições, entretanto, somente se darão por esforços permanentes sobre si mesmo, no sentido de despertar a consciência.

Consciência: sentido da ética - maturidade do senso moral

"A consciência e a vida são idênticas: dois nomes para uma única coisa, que varia somente em função do fato de ela ser observada de dentro ou de fora.

Não há vida sem consciência, e não há consciência sem vida". [14]

---

[14] BESANT. Annie. ESTUDO SOBRE A CONSCIÊNCIA - Ed. Sírio

A consciência é um estado de integração e interação cósmica.

É a participação do todo com a parte, e vice e versa, proporcionando uma visão de sistema.

Um estado de visão integral e absoluta, que independe do processo de conhecimento proporcionado pela razão.

A consciência de si mesmo ocorre quando o homem precisamente pode avaliar quem é, onde está, o que sabe e o que não sabe.

A consciência permite ao homem adentrar ao universo da harmonia, da utilidade, da generosidade e, enfim, da sabedoria e da bondade.

Quando está consciente de si mesmo, o homem verdadeiramente vive; terá saído dos mortos e seguirá na direção do Bem constante.

Infelizmente, em nosso estágio evolutivo, nossa consciência é impermanente.

Temos momentos de consciência, seguidos de longos períodos de pesado sono em que mergulhamos novamente no mundo das formas e das trevas exteriores, voltando a sonhar com quimeras e, na condição de mortos, voltar a enterrar mortos.

Para melhor entendimento, os momentos de consciência mais elevada são aqueles que geram memória. Quando a consciência está presente, a ação é fixada; os outros momentos o homem simplesmente esquece.

Então é mais ou menos assim: memória, ruídos, sono: significam: consciência, semiconsciência, inconsciência.

Temos a impressão de nos lembrarmos de nós mesmos o tempo todo. Mas isso é uma ilusão. Reunimos fatos em nossa memória que nos dão essa ilusão. Mas não passam de fatos isolados como num sonho que ao final não tem nenhum sentido.

Existem funções psíquicas que são os nossos pensamentos, sensações e impulsos, mas que não geram consciência; apenas, como dissemos, dão ao homem ilusão de consciência contínua ou da percepção de si mesmo.

É possível avaliarmos o grau de consciência de nós mesmos pela observação da duração, frequência e amplitude da consciência.

Portanto, podemos observar por quanto tempo se permaneceu consciente de algo; quantas vezes; e do quê se estava consciente.

O crescimento interior do homem dirá *do quê* ele estava consciente.

Relativamente à duração e à frequência da consciência, é possível estabelecer técnicas que permitam torná-la contínua e controlável.

A amplitude ou penetração da consciência, como falamos, depende do crescimento interior do homem.

Esforços especiais e estudos especiais, podem dar duração e frequência à consciência, o que é o início do trabalho sobre si mesmo.

Pedro Ouspensky propõe um exercício de percepção de si mesmo: *"eu sou Márcia; eu estou aqui neste momento".*

Concentrar-se nesses pensamentos permanecendo consciente de si mesmo, de seu nome, do lugar onde está.

Afastar qualquer outro pensamento.

Manter este estado mental olhando para o ponteiro grande de um relógio (a fim de marcar o tempo).

Segundo ele, o aluno de Gurdijef, havendo perseverança, é provável que se consiga fazer isso durante *dois minutos*. Esse é o limite da sua consciência.

Quando for repetir a experiência, e se tentar logo em seguida, ela será mais difícil que da primeira vez.

Podemos concluir, então, que o homem, em seu estado de normalidade, pode, mediante grande esforço, ser consciente de algo ou dele mesmo durante dois minutos. Não mais.

A dedução inarredável: não somos conscientes de nós mesmos.

A memória de fatos isolados e os processos do pensamento nos dão a ilusão de sermos conscientes. Apenas uma ilusão que nos permite vegetar neste mundo, supondo que estamos verdadeiramente vivos.

Lembrar de ocorrências não é o mesmo que possuir consciência delas.

A mera lembrança não é o mesmo que memória real ou vivência útil da ocorrência.

Só há consciência quando se vive em plenitude, com lucidez. O mais são ruídos, imagens, sons, pedaços de sonhos.

A *memória real* é provida pela consciência.

Refletindo detidamente, perceberemos que não nos recordamos das coisas e das ocorrências sempre da mesma maneira.

Algumas são recordadas de forma muito viva; outras permanecem vagas; e outras sabemos apenas que aconteceram.

É interessante e surpreendente constatar quão pouco nos recordamos; justamente porque só nos recordamos dos momentos em que estivemos conscientes.

Esses momentos de memória, gerados pela consciência, normalmente acontecem em momentos excepcionais, quando estamos em perigo por exemplo; ou momentos de intensa emoção (quantos se lembram do primeiro beijo...)

Mas também pode ocorrer consciência em momentos bem simples em que nada de especial ou particular ocorra.

O grande desafio a ser enfrentado é que não temos poder algum sobre os momentos de consciência.

São pequenos vislumbres.

Algumas iluminações, que aparecem e desaparecem por si mesmas sob a ação de condições exteriores, de algumas associações que fazemos ou de emoções, que melhor se enquadram no mundo das sensações corpóreas que das emoções verdadeiramente espirituais.

Como adquirir algum domínio sobre esses momentos de consciência

É possível evocar momentos de consciência, mantê-los por mais tempo, ou até mesmo torná-los permanentes?

"A consciência desenvolve-se sobretudo com a meditação, mas é estimulada inclusive pelas experiências que vivemos no mundo objetivo, caso saibamos ver seu significado profundo e transformá-los em sabedoria" [15]

Precisamos aceitar que a rotina da existência corporal é a nossa grande possibilidade de aprendizado.

---

[15] La Sala Batà, ob. cit. pg. 20

A reencarnação está de tal forma programada que, mantendo um estado permanentemente perceptivo, de atenção, de observação para com os acontecimentos, atingiremos estados de consciência mais duradouros.

A filosofia de todas as épocas da humanidade tenta construir um raciocínio que permita acessar o conhecimento do que venha a ser a consciência.

Hermínio Miranda, conceitua que a:

"...consciência é o sentido ético." (As Sete Vidas de Fénelon, pg. 51. Ed. Lachatre, 3ª. Edição.)"

Assim, compreendida na condição de um dos nossos sentidos, a consciência haverá de exercer a função de senso e de percepção como os demais sentidos que já foram identificados pela ciência humana.

Para Hermínio Miranda, a consciência é aquele sentido que nos orienta na direção da ética.

A ética e a moral, igualmente, hão sido objetos de interpretações e conceitos.

De maneira geral elas representam o padrão civilizatório vigente, que, inegavelmente, sofre mudanças em razão da cultura, dos costumes, e do tempo.

Mas, a ética, sempre será o entendimento humano sobre a melhor forma de "morar" no planeta terra; o entendimento de como deva ser o desenho da nossa morada; da nossa casa; e a moral é tudo o que deva estar compondo a morada para sua utilidade.

Um padrão de entendimento primário terá por consequência a formatação de moradas singelas servidas por móveis e utensílios rudimentares; à medida que o entendimento avança seguindo a lei do progresso, as "moradas" se vão compondo de formas mais elaboradas com objetos de uso mais sofisticados.

A **ética significa**, portanto, esse consenso coletivo, e de certa forma inconsciente, para o bem, para o bom e para o belo. Esses três valores, para constituir a ética, precisam estar reunidos para que o evento seja qualificado como ético. O bem como o valor passível de ser agregado; o bom, o valor agregado que é útil; e finalmente o belo, constituindo a harmonia das circunstâncias, das formas e de todas as expressões naquilo que é um bem e que é bom.

A lei do progresso é a causa da expansão do sentido da ética, ou consciência.

A expansão da consciência permite ampliar no tempo e no espaço os conceitos de o que se entende por valioso, por útil e por harmônico.

Como função de senso e percepção, a consciência expande-se em níveis de capacidade que são diferentes em cada indivíduo, refletindo a evolução do Ser ao qual pertence.

Mas é revelador que os Espíritos Nobres afirmem categoricamente que as leis de Deus estão escritas na consciência:

Onde está escrita a lei de Deus?
"Na consciência"[16] .

Estando escritas, as leis de Deus podem ser lidas.

---

16 O Livro dos Espíritos. Allan Kardec. Editora FEB. Questão 621

Se localizarmos a consciência como sendo o sentido da ética, então, conforme nossa percepção se for ampliando, igualmente acessaremos mais e melhor as leis Divinas.

As leis Divinas se dividem naquelas que regem o mundo material e as que dizem respeito às questões morais: as relações dos homens entre si e com o meio.

A ciência que estuda essas relações humanas é o Direito. Isso nos permite relacionar as leis Divinas do ponto de vista moral com as leis humanas. Na ciência jurídica, aprendemos logo no início da graduação que as fontes inspiradoras das regras (leis) que objetivam equilibrar as relações humanas têm sua raiz em uma nascente absolutamente etérea e que não está escrita em lugar algum: é o direito natural.

Os alunos aprendem muito cedo que quando a legislação humana se aproxima do direito natural, aperfeiçoa-se; quando dele se afasta, torna-se instrumento de perturbação da ordem e desequilíbrio social.

Simplificando quanto possível, de vez que esse trabalho não é uma dissertação jurídica, podemos considerar no direito natural a manifestação da lei Divina e, no direito positivo, a manifestação das leis humanas.

Isso nos leva a entender que a maturidade do senso moral de uma sociedade refletirá no conteúdo das relações entre as pessoas que a compõem, permitindo a expressão do Direito em leis cada vez mais justas; para falarmos de ética: cada vez mais valiosas, úteis e harmônicas (o bem, o bom e o belo).

As noções de liberdade, igualdade e fraternidade, ideário da revolução francesa, são expressões de uma forma de compreensão. Falamos de uma compreensão diferente do que até então havia permeado as relações humanas desde as cavernas.

Tudo isso para criarmos uma plataforma que nos permita ver, em maior dimensão, o significado de consciência.

Os maiores óbices psíquicos, antepostos pelo homem terrestre aos seus amigos e mentores da espiritualidade, são oriundos da ausência de humildade sincera nos corações, para o exame da própria situação de egoísmo, rebeldia e necessidade de sofrimento.[17]

Obstáculos. Compreender para superar

A ignorância sobre nós mesmos, a vontade sem uso, a impossibilidade de contar apenas consigo mesmo e o estudo do homem simplesmente fisiológico, são os principais obstáculos ao nosso desenvolvimento.

Para superar a ignorância sobre nós mesmos precisamos nos conhecer; para isso é necessário que estudemos a nós mesmos tanto do ponto de vista fisiológico quanto mental, psíquico e espiritual: o Homem Integral como bem define o Espírito Joanna de Ângelis em obra do mesmo título.

A vontade não utilizada e, assim, atrofiada, é um obstáculo que somente será superado a partir de esforços constantes.

---

[17]XAVIER. F.C. Emmanuel. O CONSOLADOR, Q. 125. Ed. FEB.

Os Espíritos Superiores dizem que Deus nos deu a vontade para que a usemos.

Raciocínios equivocados podem nos levar a supor sejam as leis naturais e imutáveis uma barreira para o livre arbítrio.

Os Espíritos Superiores alertam para nos distanciarmos desses raciocínios.[18]

Definitivamente não somos instrumentos passivos.

"(...)Se assim fosse, nada mais seria o homem do que instrumento passivo, sem livre-arbítrio e sem iniciativa.

Nessa hipótese, só lhe caberia curvar a cabeça ao jugo dos acontecimentos, sem cogitar de evitá-los; não deverá ter procurado desviar o raio.

Deus não lhe outorgou a razão e a inteligência para que ele as deixasse sem serventia; a vontade, para não querer; a atividade para ficar inativo."

A vontade é essa potência latente em todos nós; é o querer. E a ética nos dá o rumo desse querer.

A impossibilidade de conseguir algo contando apenas conosco mesmo nos encaminha para a lei da solidariedade universal.

É preciso encontrar ambientes e pessoas qualificadas para tal.

Precisamos de pressão, estabilidade, confiança, e disciplina para estudar o Ser Integral tanto quanto nossas limitações nos permitam compreender.

Estudando a nós mesmos

Qual o meio prático mais eficaz que tem o homem de se melhorar nesta vida e de resistir à atração do mal?

"Um sábio da antiguidade vo-lo disse: conhece-te a ti mesmo.[19]

---

[18] O Evangelho Segundo o Espiritismo. Allan Kardec. Capitulo XXVII, 6.

[19] O Livro dos Espíritos. Allan Kardec. Editora FEB. Questão 919.

Conhecer a si mesmo significa, dentre outras coisas, o estudo e a compreensão do corpo que serve de veículo para manifestação do Espírito, naquilo que esse veículo tem condições de manifestar.

Estudar o corpo, as potencialidades anímicas, suas peças, funções principais e condições de trabalho correto e uma porção de outras questões relativas à fisiologia, a fenomenologia da interação espírito e matéria é o início do processo, em nosso entendimento.

Para alcançar nosso objetivo, precisaremos desenvolver uma linguagem especial, que inclua e ultrapasse os conceitos até agora sedimentados.

Dona Joanna de Ângelis, na sequência da série dos livros sobre psicologia transpessoal, enfatiza o mesmo que Gurdjieff, pela caneta de seu notável aluno Pedro Ouspensky, já havia feito.

Que o corpo humano possui funções distintas e complementares entre si. Que essas funções, muitas vezes, funcionam mecanicamente, sem interferência da vontade e da determinação do Ser Espiritual que deveria estar no comando absoluto da máquina humana.

Dona Joanna se refere a essas funções:

pensar (intelecto);

sentir (sensações);

instintivas (trabalho interno do organismo);

motora (trabalho externo do organismo, o movimento no espaço);

sexual (os dois princípios masculino e feminino em todas as suas manifestações).

Essas funções são próprias dos estados ordinários de consciência.

Entretanto, nos estados superiores de consciência, vamos observar a presença de outras duas funções: *a função emocional superior e a função intelectual superior.*

Essas funções aparecem no estado de consciência objetiva sobre o qual nada sabemos e que são chamados de *consciência cósmica; iluminação; consciência objetiva; samadhi...*

Estudar a nós mesmos, portanto, deve ter por introdução a compreensão, mínima que seja, das quatro primeiras funções do corpo.

Relativamente à função sexual, não a detalharemos.

Ela é determinante nas possibilidades de crescimento interior; qualquer desajuste nesta área compromete progressos nas outras.

Mas a função sexual, ou está ajustada, ou não está. E assim não é possível nos determos nela.

Porque se não estiver ajustada, todo o trabalho interno estará prejudicado e, então, podemos parar por aí.

Há uma relação direta entre a função sexual e a maturidade do senso moral, determinante no estudo e compreensão de si mesmo.

O Espírito Emmanuel escreve no livro VIDA E SEXO que as almas ainda prisioneiras das funções sexuais físicas são consideradas primárias.

Somente o tempo - períodos reencarnatórios – fará com que compreendam, ou desejem compreender, as funções sexuais em sua plenitude.

Para elas, as almas primárias, o sexo é mera função orgânica destinada a conceder prazer ao homem.

Nesses casos, o sexo ainda é o senhor do espírito.

Não há nada a fazer, a não ser esperar.

Não existe, nessa fase da evolução, uma compreensão dos princípios feminino e masculino comum a todos os seres independentemente do sexo físico dominante.

São esses princípios, o masculino e o feminino, conceituados por Carl Jung "animus" (masculino) e "anima" (feminino) que devem estar em equilíbrio, em harmonia, a fim de que a função sexual resplandeça em toda a sua luz.

As funções que dizem respeito à máquina orgânica, à estrutura anímica, interferem na forma e nas possiblidades de manifestação do Espírito nas relações dele com o mundo corpóreo.

Quando nos referimos a essas funções, devemos raciocinar na grande influência que elas exercem sobre o Espírito, muitas vezes, subjugando-o.

Somente nos estados de consciência alerta, de consciência desperta, as funções anímicas são derrotadas pela superioridade do Ser Essencial.

Fora disso, o homem é praticamente escravo das suas funções orgânicas supondo deter um livre arbítrio que em realidade não possui.

A *função intelectual* compreende todos os processos da mente em estado de vigília, tais como a percepção, a representação e a formação de conceitos, raciocínios, comparação, afirmação, negação, formação das palavras, linguagem, imaginação...

A função dos sentimentos ou das emoções compreende as sensações corporais que denominamos emoções, mas que são meros impulsos anímicos.

As emoções verdadeiras somente são vividas nos estados de consciência desperta para cima.

No geral de nós humanos praticamente irracionais, a função emocional deve ser considerada como função meramente sensorial porque representa o resultado de substâncias e reações químicas produzidas pelo organismo que se somam aos condicionamentos de existências corporais anteriores. Assim sendo, o que temos entendido por emoções, são manifestações orgânicas que causam estados de alegria, tristeza, medo, surpresa, indignação e tantos outros, são apenas sensações que fazem parte da dimensão material: o corpo.

As sensações são diferentes dos pensamentos. Habitualmente em nossas expressões, confundimos pensamentos e sentimentos.

O estudo sobre si mesmo começa com o estabelecimento preciso da diferença entre pensar e sentir.

As funções instintivas e motoras comumente são empregadas em sentido de sinônimos, outras em sentido errado, e outras sem sentido algum.

Falamos de motricidade e usamos o termo instinto; falamos de instinto e usamos o termo motricidade.

Falamos de ambos sem que seja nada disso.

A função instintiva compreende quatro espécies de funções.

Primeira espécie: *todo o trabalho interno do organismo, tais como, a digestão e a assimilação dos alimentos; a respiração; a circulação do sangue.*

Também todo o trabalho dos órgãos internos, a construção de células novas, eliminação de detritos, trabalho das glândulas...

Segunda espécie: *os cinco sentidos: visão, audição, olfato, paladar e tato. E todos os demais sentidos: de peso, temperatura, secura, umidade... que podemos chamar de sensações indiferentes, que não são por si mesmas agradáveis ou desagradáveis.*

Terceira espécie: *todas as sensações físicas agradáveis ou desagradáveis: dor, sabor, odor...*

Quarta espécie: *todos os reflexos: riso, bocejo, choro. Toda a memória física: gosto, olfato, dor..*

A função motora compreende todos os movimentos exteriores tais como *caminhar, escrever, falar, comer, lembranças que restam dessas atividades ou desses movimentos.*

A diferença entre a função instintiva e a função motora é que todas as manifestações da primeira (função instintiva) são inatas e não é necessário aprendê-las para utilizá-las, enquanto nenhuma das manifestações da segunda (função motora) são inatas; todas precisam ser aprendidas.

Aprende-se a nadar, a andar, a escrever, desenhar, ...

Estranhas funções de movimento compreende todo o trabalho inútil da máquina humana, trabalho não previsto pela natureza, mas que ocupa vasto lugar na vida do homem e consome grande quantidade de energia: *a formação dos sonhos, a imaginação, falar consigo mesmo, falar por falar, manifestações gerais incontroladas ou incontroláveis (cacoetes, tiques nervosos, etc).*

(...) Há dois tipos de comportamento: o daqueles que fazem e o daqueloutros que ficam de palanque, apontando erros, criticando, atormentando a vida das pessoas. 20

As funções orgânicas e os estados de consciência

A consciência e a Vida são uma e a mesma coisa, como conceitua Angela Maria La Sala Batà. Eu concordo.

Deus se manifesta para nós através das suas leis, as quais estão escritas em nossa consciência, conforme já vimos.

Então, a consciência e Deus são uma e a mesma coisa, relativamente a nós, os humanos.

Entretanto, a observação há demonstrado que a consciência não é a mesma de uma pessoa para outra.

Cada ser humano se relaciona com a Vida e com Deus de maneira absolutamente individual e própria.

---

20 FRANCO. Divaldo Pereira. Joanna de Ângelis. VIDA FELIZ, Cap. LXXXIX. Ed. LEAL.

Há níveis de consciência distintos de uma pessoa para outra, quase ao infinito, ou... ao infinito.

Didaticamente existe uma divisão que considero adequada: quatro níveis de consciência. Assim entende Pedro Ouspensky e Joanna de Ângelis.

O Ser Integral é uno, e a consciência em si mesma não possui nenhuma divisão.

Mas nós, almas... espíritos encarnados com algum grau de memória sob efeito do aprisionamento da matéria, acessamos um certo nível de consciência, e somente aí, verdadeiramente, podemos dizer que estamos vivos, ou num grau mínimo de compreensão da realidade.

Entre um estado de consciência e outro há nuances como no arco íris.

O corpo funciona como a residência da consciência, se assim nos podemos expressar. Vamos imaginar uma edificação com quatro andares, separados por escadas.

No primeiro andar, funcionam as rotinas diárias da residência em nível quase absolutamente mecânico e padronizado.

A padronização faz parte dos recursos da natureza a fim de manter a sobrevivência.

No segundo andar, há um espaço para descanso e reflexões que vão se compondo de forma cada vez mais harmônica e com recursos inesperados de entendimento do funcionamento real da casa.

No terceiro andar, instrumentos que nos tiram da caneta tinteiro para impressoras em três dimensões e nos conectam com o mundo, instantaneamente.

E finalmente no último andar se encontra a *biblioteca de Alexandria.*

Desejar ou não acessar os cômodos superiores, saindo da mecanicidade do primeiro andar, eis a questão.

No limiar da porta de entrada do primeiro piso da casa, nosso nível de consciência é praticamente o mesmo do mar... zero.

É o que os estudiosos do assunto denominam nível de **consciência de sono** e Dona Joanna de Ângelis aborda admiravelmente este assunto:

(...) o despertar da consciência faculta o estágio de sono-com-sonho lúcido, vivenciando experiências que impulsionam ao progresso moral e ao preenchimento do vazio existencial, sem os estágios de saturação, de tédio, de modorra emocional. [21]

O limiar da porta de entrada é também o mais baixo, um estado subjetivo e passivo.

Neste estado, o homem está rodeado de sonhos. As suas funções psíquicas trabalham sem direção nem sentido.

A analogia é exatamente essa: sonhos.

E nos sonhos não existem causas nem resultados; as imagens são aleatórias, sem qualquer objetividade.

Nesse nível, também vamos encontrar ecos de experiências passadas; pedaços de memórias resgatadas por força de circunstâncias exteriores sem nenhuma ordem ou sistema; vagas percepções do momento, como ruídos sem nexo, que chegam ao adormecido.

---

[21] FRANCO. Divaldo Pereira. Joanna de Ângelis. ENCONTRO COM A PAZ E A SAÚDE. Ed LEAL. 2007. Pág. 186.

Algumas sensações corporais; ligeiras dores, sensação de tensão muscular, rápidos estímulos que atravessam o espírito com tênues vestígios na memória, mas na maioria das vezes não deixam nenhum sinal.

Nesse estado, não existe sentimento de contradição ou de impossibilidade, razão pela qual não é possível esperar qualquer atitude crítica.

No final da escada, já chegando ao segundo andar, o esforço pela subida causará um semidespertamento.

Adentrar no ambiente despertará a consciência que ficará em vigília. É um estado de **consciência relativa**; de sono desperto. Aí trabalhamos, falamos e imaginamos que somos seres conscientes de nossa própria existência.

Podemos dizer que nós já estamos acordados, entretanto, o sono permanece com seus sonhos e impressões, mas a ele se acrescenta uma atitude que não havia no nível anterior: a crítica.

Os pensamentos estarão mais coordenados, as ações mais disciplinadas.

Há aí algum sentimento de contradição e de impossibilidade. Os sonhos, próprios da consciência de sono, são invisíveis, tal como a Lua, diz Pedro Ouspensky, que está lá no céu juntamente com as estrelas, mas não podem ser facilmente vistas.

Apesar de invisíveis, a influência dos sonhos é ainda muito poderosa e o homem vive mais neles do que na realidade objetiva.

O conhecimento da **verdade** é relativo.

Ainda que no estado de consciência semidesperta, a maioria de nós humanos permanece no sono, age no sono e não sabemos que estamos dormindo.

No terceiro andar, vamos entrar num espaço e num tempo esplendorosos.

Teremos a consciência de nós mesmos, de que existimos e somos filhos de Deus, herdeiros do Universo.

É o estado de consciência de si.

O homem estará objetivo em relação a si mesmo e conhece **toda a verdade** sobre si mesmo.

Conhece também a sua própria função no contexto da realidade e tem memória dos fatos externos que o atingem e das ações que participa.

Este é o estado daqueles que já entenderam o significado da **compaixão.**

Esses homens estão completamente preparados e disponíveis para realizar o **sacrifício** (o ofício sacro, o agir santificado). São eles os missionários na verdadeira significação dessa palavra.

Finalmente chegamos ao quarto andar: *entramos na Biblioteca de Alexandria.*

É o estado de **consciência objetiva.** Nada ou quase nada sabemos desse quarto estado de consciência.

Nele, o homem entra em contato com o mundo real ou objetivo.

Não existe mais a influência da matéria, dos sentidos, dos sonhos e dos estados subjetivos de consciência.

O homem, então, **conhece toda a verdade** sobre todas as coisas; é um **homem livre** como asseverou Jesus:

"E conhecereis a verdade e a verdade vos libertará." [22]

Ele pode estudar as coisas em si mesmas e o mundo tal qual é.

Quando pensamos sobre este estado de consciência, não conseguimos ser justos. Não há para nós parâmetros passíveis de comparação.

Sabemos apenas que sobre este estado de consciência é possível ter alguns lampejos quando estejamos no estado plenamente realizado de consciência de si.

Como subir de um andar para outro?

Temos clarões ou lampejos, ou *insights,* do nível de consciência superior ao que nos é ordinário.

Para atingirmos períodos mais longos de consciência de si, é necessário **querer: ato de vontade.**

A frequência e a duração dos momentos de consciência de si dependem do poder que se tem sobre si mesmo.

A **vontade** é o núcleo central da **consciência;** assim, vontade e consciência são dois aspectos de uma mesma coisa, ou quase isso.

Desenvolvimento da **vontade, o querer,** e integração com a consciência são alcançados pelo mesmo processo; não há vontade sem consciência; não há consciência sem vontade. Meio que isso.

As funções fisiológicas e os níveis de consciência

Em nível de consciência de sono, as manifestações das funções fisiológicas são desconexas e destituídas de qualquer fundamento.

---

[22] Bíblia Sagrada.João. 8:32

As funções no sono não podem ser utilizadas de maneira alguma. Funcionam automaticamente.

No estado de consciência de vigília ou consciência de sono desperto, as funções servem até certo ponto para nossa orientação.

Seus resultados podem ser comparados, verificados, retificados.

As funções neste estado de vigília, entretanto, criam numerosas ilusões, observações falsas; falsas teorias, falsas deduções.

Diariamente deparamos com quantidade incontável de **falseamentos** feitos neste estado. Mas o homem não se dá conta disso.

Justamente por não se dar conta das ilusões que o vitimam neste estado de vigília, o homem fica impedido de observar os raros momentos em que suas funções se manifestam sob o efeito dos lampejos do terceiro estado de consciência, **a consciência de si**.

Portanto, cada uma das quatro funções pode se manifestar em cada um dos três estados de consciências, todavia os resultados diferem inteiramente.

A consciência e as funções

A observação dos resultados e as diferenças entre *função* e os *estados de consciência* dará a compreensão correta da relação entre ambos.

"A consciência de um homem e as suas funções são dois fenômenos de ordem completamente diferentes" Eles podem existir um sem o outro justamente porque têm origem em causas diferentes e suas naturezas também são diferentes."[23]

As funções podem existir sem a consciência e a consciência pode existir sem as funções.

No espírito que dominou completamente a matéria, existe simplesmente a **consciência** enquanto o contrário, quando a matéria domina o espírito, existem simplesmente **funções**.

---

[23] Conforme entende Pedro Ouspensky

(...)Trabalhai sempre. Essa é a lei para vós outros e para nós que já nos afastamos do âmbito limitado do circula carnal. Esforcemo-nos constantemente.(...) 24

Desenvolvimento da vontade

Para mudar seu nível de consciência o homem deve desejá-lo intensamente e por longo tempo. Um desejo passageiro ou vago, nascido de uma insatisfação no que diz respeito às condições exteriores, não criará o impulso suficiente.

O homem está sujeito à lei da evolução universal. Mas, evoluir depende da compreensão que o homem tenha do que pode adquirir e do que deve dar para isso; o preço que precisa pagar.

O homem satisfeito com o que é permanecerá assim, porque isso é justo. Ouspensky entende que o homem pode jamais se desenvolver, e Gurdjieff chega afirmar que alguns homens morrem para sempre; mas eu penso diferente.

---

24 XAVIER. F. Cândido. Emmanuel. O CONSOLADOR, Q. 226. Ed. FEB.

A Vida possui também mecanismos que haverão de impulsionar o homem além do seu desejo ordinário. A força das coisas, a lei do progresso.

Os Espíritos Nobres são incansáveis nas revelações que nos trazem e, sobre a vontade, eles enfatizam que é uma das dádivas Divinas. Nascemos com a potência da vontade; Deus nos deu a vontade para **querer** e não para **não querer**. A questão é: querer o quê, quando, onde e como.

Esse nosso **querer** há que estar em coerência com as leis de Deus. Então, o **quê** ou **quês** impulsionarão nossa vontade para atingir níveis de consciência cada vez mais lúcidos e despertos, a ponto de nos conscientizarmos de nós mesmos.

Existem duas possibilidades para fazer emergir o *querer* latente em nós.

Podemos despertar para a necessidade da mudança quando alcançados pelo tédio das ilusões do mundo, nos entregando à busca do novo.

A maioria de nós, entretanto, permanece estacionária desfrutando do conforto imerecido; neste caso, a Vida nos defrontará com o aguilhão do espírito: a dor. E o processo se iniciará pelo sofrimento.

Evoluir pelo conhecimento. Viva atração pelo estado futuro que pode ser alcançado; interesse eficaz pelo *estado desconhecido que a mudança deve trazer: **entusiasmo**.*

Deveríamos optar por esse caminho. Embora não acreditemos, é o melhor, o mais fácil, o natural. Entusiasmo significa **ter Deus dentro de si**.

Quão poucos, entretanto, são os seres humanos que buscam aprender com a experiência já vivida por outros.

Raríssimos ainda são os que se dispõem a abandonar o conforto da civilização, as rotinas pelo trabalho sobre si mesmo, por julgarem-no enfadonho mesmo sem experimentar.

Temos preferido, infelizmente, viver horizontalmente num suposto conforto.

A esse respeito nossos Guias Espirituais dizem que é mais prudente optar pelo crescimento na via do conhecimento.

O Evangelho de Jesus contém essas advertências sobre a importância que a **vontade** tem no crescimento interior do homem.

Temos sido conclamados à busca da perfeição:

"Sede, pois, vós outros, perfeitos como perfeito é o vosso Pai celestial."[25]

A transformação moral, é condição de reconhecimento do verdadeiro espírita:

"Reconhece-se o verdadeiro espírita pela sua transformação moral e pelos esforços que emprega para domar suas inclinações más[26]

A respeito do **poder da vontade,** Allan Kardec pergunta:[27]

"Poderia sempre o homem, pelos seus esforços, vencer as suas más inclinações?"

"Sim, e, frequentemente, fazendo esforços muito insignificantes. O que lhe falta é a vontade. Ah! quão poucos dentre vós fazem esforços!".

"Não haverá paixões tão vivas e irresistíveis, que a vontade seja impotente para dominá-las?"

---

[25] Mateus, cap. V, vv. 48.

[26] O Evangelho Segundo o Espiritismo, Cap. XVIII, 4

[27] O Livro dos Espíritos. Allan Kardec. Editora FEB. Questões 909 e 911.

"Há pessoas que dizem: Quero, *mas a vontade só lhes está nos lábios.*

Querem, porém muito satisfeitas ficam que não seja como "querem".

Quando o homem crê que não pode vencer suas paixões, é que seu Espírito se compraz nelas, em consequência da sua inferioridade.

Compreende a sua natureza espiritual aquele que as procurar reprimir.

Vencê-las é, para ele, uma vitória do Espírito sobre a matéria."

O Espírito André Luiz, reflete sobre a vontade:

"A vontade desequilibrada desregula o foco de nossas possibilidades criadoras.

Daí procede a necessidade de regras morais para quem, de fato, se interesse pelas aquisições eternas nos domínios do Espírito. Renúncia, abnegação, continência sexual e disciplina emotiva não representam meros preceitos de feição religiosa.

São providências de teor científico, para enriquecimento efetivo da personalidade.

Nunca fugiremos à lei, cujos artigos e parágrafos do Supremo Legislador abrangem o Universo.

Ninguém enganará a Natureza.

Centros vitais desequilibrados obrigarão a alma à permanência nas situações de desequilíbrio.

Não adianta alcançar a morte física, exibindo gestos e palavras convencionais, se o homem não cogitou do burilamento próprio."[28]

A vontade de mudar e o convencimento de que se vive num estado de letargia com relação a si mesmo, são fatores determinantes para o autoconhecimento.

---

[28] MISSIONÁRIOS DA LUZ, Editora FEB, 22ª edição, págs. 22 e 23.

Dona Joanna de Ângelis alerta para esse fato.

A Mentora nos adverte para observarmos que passamos a maior parte do tempo dormindo, inconscientes de nós mesmos.

Partindo da certeza de que dorme, o homem estará apto a fazer os esforços para **despertar**.

Paulo de Tarso[29], alerta para os malefícios do adormecimento:

"O Amor não faz mal ao próximo. De sorte que o cumprimento da Lei é o amor.

E isto digo, conhecendo o tempo, que é já hora de despertamos do sono; porque a nossa salvação está agora mais perto de nós do que quando aceitamos a fé.

A noite é passada, e o dia é chegado.

Rejeitemos, pois, as obras das trevas, e vistamo-nos das armas da luz.

Andemos honestamente, como de dia: não em glutonarias, nem em bebedeiras, nem em desonestidades, nem em dissoluções, nem em contendas e invejas."[30]

"Porque noutro tempo éreis trevas, mas agora sois luz no Senhor: andai como filhos da luz. [31](...)Pelo que diz: Desperta, tu que dormes, e levanta-te dentre os mortos, e Cristo te esclarecerá."

"Porque todos vós sois filhos da luz e filhos do dia; nós não somos da noite nem das trevas.

Não durmamos, pois, como os demais, mas vigiemos, e sejamos sóbrios." [32]

---

[29] Romanos 13, 10-13.

[30] (Romanos,13, 10-13)

[31] (Efésios, 5, 8-14)

[32] (Tessalonissenses I. 5, 5-6)

Evoluir pelo sofrimento. Permanecendo estacionário na condição que poderia ter ultrapassado, a vontade se cristaliza adormecida.

Neste caso, somente violenta repugnância pela situação nos haverá de tirar da inércia.

É quando somos visitados pelo *sofrimento*.

Os Espíritos amigos sabem como pode ser proveitosa a *dor* para o homem.

Os Espíritos Nobres se referem à importância da dor, ou do que consideramos dor, em nosso desenvolvimento:

"A dor é uma bênção que Deus envia a seus eleitos; não vos aflijais, pois, quando sofrerdes; antes, bendizei de Deus onipotente que, pela dor, neste mundo, vos marcou para a glória no céu"[33];

"As tribulações podem ser impostas a Espíritos endurecidos, ou extremamente ignorantes, para levá-los a fazer uma escolha com conhecimento de causa"[34]

Não é apologia ao sofrimento e sim a consideração de que a dor exerça influência real e tenha motivo determinado na vida do homem.

Nos momentos de grave sofrimento, o homem consegue acessar dimensões emocionais até então desconhecidas para ele e removerá montanhas caso compreenda, em tempo, o valioso aguilhão que o visita, não recalcitrando contra ele.

Saulo de Tarso, surpreendido por Jesus à entrada de Damasco[35], recebe a advertência sobre recalcitrar contra o aguilhão:

---

[33] O Evangelho Segundo o Espiritismo. Allan Kardec. Editora FEB. Cap. IX, 7.

[34] — Idem. Cap. V, 8

[35] Bíblia Sagrada. Atos. 9.

1 Enquanto isso, Saulo só respirava ameaças e morte contra os discípulos do Senhor. Apresentou-se ao príncipe dos sacerdotes,

2 e pediu-lhe cartas para as sinagogas de Damasco, com o fim de levar presos a Jerusalém todos os homens e mulheres que achasse seguindo essa doutrina.

3 Durante a viagem, estando já perto de Damasco, subitamente o cercou uma luz resplandecente vinda do céu.

4 Caindo por terra, ouviu uma voz que lhe dizia: Saulo, Saulo, por que me persegues?

5 Saulo disse: Quem és, Senhor? Respondeu ele: Eu sou Jesus, a quem tu persegues. Duro te é recalcitrar contra o aguilhão.

6 Então, trêmulo e atônito, disse ele: Senhor, que queres que eu faça? Respondeu-lhe o Senhor:} Levanta-te, entra na cidade. Aí te será dito o que deves fazer.

Viktor Emil Frankl

Nesse momento das nossas reflexões, necessário se faz reverenciar o notável Dr. Viktor Emil Frankl, idealizador da Logoterapia[36].

Esse novo olhar se tornaria a Terceira Escola Vienense de Psicoterapia, baseada no sentido da existência humana. *Logos* é palavra grega que significa *sentido.*

Viktor Frankl elaborou grande parte da sua teoria durante e após a experiência de viver, na condição de prisioneiro, em campos de concentração nazistas.

Sua mulher morreu em um campo de concentração, aos 24 anos. Seu irmão, sua mãe e seu pai, também.

---

[36] Encontrar o sentido da vida como terapêutica importante na cura dos males da alma.

Contrariando as previsões e possibilidades, ele não se deixou sucumbir pela dor cujo grau superlativo nos é impossível alcançar.

A experiência que Viktor Frankl vivenciou é inimaginável para nós.

Em meio ao absoluto caos social, físico, espiritual e psicológico, Ele saiu em busca do *sentido* daquele sofrimento. E legou ao mundo uma forma avançada para o entendimento da alma humana baseada no *sentido* e no *amor*.

São dele essas orientações inesquecíveis:[37]

"Não se deveria procurar um sentido abstrato da vida.
Cada qual tem sua própria vocação ou missão específica na vida; cada um precisa executar uma tarefa concreta, que está a exigir cumprimento. Nisto a pessoa não pode ser substituída, nem pode sua vida ser repetida. Assim, a tarefa de cada um é tão singular como a sua oportunidade específica de levá-la a cabo.

(...) Em suma, cada pessoa é questionada pela vida; e ela somente pode responder à vida respondendo por sua própria vida; à vida ela somente pode responder sendo responsável. Assim sendo, a logoterapia vê na responsabilidade a essência propriamente dita da existência humana.

---

[37] EM BUSCA DE SENTIDO – Um Psicólogo no Campo de Concentração, Editora Sinodal, pag.125 e 128

(...) O Sentido do Sofrimento – Não devemos esquecer nunca que também podemos encontrar um sentido na vida quando nos confrontamos com uma situação sem esperança, quando enfrentamos uma fatalidade que não pode ser mudada. Porque o que importa, então, é dar testemunho do potencial especificamente humano no que ele tem de mais elevado, e que consiste em transformar uma tragédia pessoal num triunfo, em converter nosso sofrimento numa conquista humana.

Quando já não somos capazes de mudar uma situação (...) somos desafiados a mudar a nós próprios.

Viktor Frankl era Judeu. Mas se alinha sem nenhuma dificuldade ao Evangelho de Jesus na quebra do paradigma do que seria sofrimento.

Jesus, no momento em que cura o cego de nascença de nascença[38], desconstrói o entendimento anterior de sobre experiências dolorosas. Nem sempre o que nos parece sofrimento tem origem no que convencionamos entender por "pecado".

Existe, para o sofrimento, um sentido maior que pode ir muito além da provação ou da expiação.

O sofrimento pode ter como causa a necessidade ou o desejo de acelerar o próprio desenvolvimento.

A cegueira do corpo permitia àquele homem que suas janelas internas se abrissem para se manifestar nele as obras de Deus. A aparente escuridão permitia a ele longos momentos de bendita solidão e silêncio interior possibilitando acessar mais rapidamente o Deus latente em Si Mesmo.

Allan Kardec[39] reflete sobre a felicidade:

---

[38] Bíblia Sagrada. João 9, 1 - 3

[39] O Livro dos Espíritos. Allan Kardec. Editora FEB. Questão 921.

"Aquele que se acha bem compenetrado de seu destino futuro não vê na vida corporal mais do uma estação temporária, uma como parada momentânea em péssima hospedaria. Facilmente se consola de alguns aborrecimentos passageiros de uma viagem que o levará a tanto melhor posição quanto melhor tenha cuidado dos preparativos para empreendê-la. (...)"

Viktor Frankl relaciona o sentido da vida com a escala de valores que cumpre ao homem realizar.

Ele afirma que apenas o Ser Humano possui capacidade para de realizar valores, Viktor Frankl elabora três dimensões dessas realizações.

A dimensão mais densa da realização dos valores é a **criadora**. São os valores criadores, que significam a capacidade humana de produzir e que dão sentido à vida na perspectiva da própria visão de utilidade para si mesmo e para os outros.

A realização de valores criadores está relacionada com habilidades e circunstâncias. Sempre chegará o dia em que as habilidades estarão reduzidas, as circunstâncias mudarão o cenário, e a criação poderá ficar comprometida.

Se o sentido da vida estiver exclusivamente fundamentado na realização dos valores criadores, estará também na sua exclusiva dependência.

Entretanto, existe outra categoria de valores que independe das habilidades.

São os valores vivenciais. Os valores que realizamos nas relações com as pessoas e com o meio ambiente. Os valores de vivência se efetivam quando conseguimos usufruir da harmonia que o universo nos proporciona. Mas para isso nossa sensibilidade precisa estar suficientemente desenvolvida numa consciência amorosa com tudo e todos.

As realizações dos valores vivenciais fundamentam o sentido da vida e forma mais profunda e duradoura.

Chegará um tempo que nosso corpo não terá mais tanto vigor e poderá perder a utilidade para a maioria das possibilidades criadoras. Nesse momento, será fundamental que tenhamos desenvolvido, ao longo da existência, a capacidade de vivenciar a harmonia da criação Divina. Porque então manteremos íntegro o sentido na vida apreciando o nascer e o por do sol, o sorriso de uma criança. A convivência com a natureza em geral, e com aqueles caminham conosco.

Apesar da maravilha que isso significa, Viktor Frankl chama a atenção para o fato de que até os valores vivenciais são dependentes de circunstâncias.

Então ele medita no que possa ter sobrado de condições e circunstâncias para um prisioneiro num campo de concentração; daquele que está num corredor indo em direção à câmara de gás; alguém num leito de morte. São circunstâncias extremamente restritivas. O que pode ser ainda apreciado ou vivenciado? A maioria dessas pessoas perdeu tudo; até mesmo a possibilidade de ver o sol, uma flor, um animal.

Neste ponto, o homem tem a possibilidade, diz Viktor Frankl, de realizar a mais profunda e surpreendente categoria de valor: **atitude.** É possível encontrar sentido nos instantes supremos realizando o **valor de atitude.** A liberdade de se posicionar valiosamente diante das circunstâncias.

Então a **liberdade;** essa dimensão de que nos qualifica como humanos. Sermos livres para dizer sim para a Vida, encontrando o seu sentido real, mesmo quando não há mais o que possa ser criado ou vivenciado.

A presença de Edith Stein, canonizada santa pela Igreja Católica no dia 11 de outubro de 2011, me chega à mente. Assim ela como outros atingiram a santidade pela **atitude** que conseguiram sustentar ante as circunstâncias mais humilhantes e cruéis. Edith Stein caminha **altiva** e sem nenhuma arrogância para cumprir o seu destino: morrer sob ação venenosa do gás letal em uma câmara bizarra que falará para a eternidade da capacidade humana de se animalizar.

A morte não tirou de Edith Stein o sentido da vida. Ela realizou seu maior valor perdendo a existência física para que o mundo mudasse um dia para melhor.

Mas é preciso coragem para amar assim.

(...) É que a lei da cooperação entre os homens é o grande e generoso princípio, através do qual Jesus segue, de perto, a Humanidade inteira, pelos canais da inspiração. (...)[40]

Não é possível evoluir sozinho

Não podemos contar somente conosco mesmo.

A lei da cooperação é universal e impõe a solidariedade entre todos os seres da criação. Não escaparemos dela.

Uma quantidade de conhecimento está disponível em nós mesmos e em tudo e em todos os que nos rodeiam.

É dando que se recebe, diz a máxima Franciscana que reflete o entendimento do *Cantor de Assis* sobre a lei Divina denominada **solidariedade universal.**

Assim sendo, se entregarmos à Vida o nosso melhor, a Vida responderá de maneira equivalente.

---

[40] XAVIER. F. C. Emmanuel. CAMINHO VERDADE E VIDA, Cap. 39. Ed. FEB

Essa lei da solidariedade universal nos fala sobre a humildade a ser desenvolvida no sentido de aceitar que precisamos uns dos outros querendo ou não, rindo ou chorando.

É uma lei que determina àquele que tenha mais que doe ao que tem menos.

Uma questão de justiça, que é também uma lei universal.

O quente cede em calor ao frio. É a segunda lei da termodinâmica que em outras palavras pode ser chamada de **solidariedade.**

Dedução disso é que precisamos buscar a ajuda necessária naqueles que conhecem mais, que *são mais experientes,* e fazer isso humildemente.

Jesus denominou esse movimento de *pedir água.* No diálogo mantido com a mulher *Samaritana no poço de Jacó,* Jesus pede água.[41]

Ela estranha que um homem judeu peça água para uma mulher, e não bastando ser mulher, uma Samaritana.

Jesus lhe diz que pediu água para *ensiná-la a pedir água.*

Porque se ela tivesse pedido água para Ele (Jesus) teria recebido á Água Viva e nunca mais teria sede.

Essa passagem nos fala de jamais subestimarmos a presença de ninguém em nossa vida. Que aquele que vem ao nosso encontro é alguém que significa um degrau de ascensão.

No caso, a Mulher Samaritana estava ao lado de Jesus, o Governador do Planeta Terra e não sabia disso.

---

[41] Bíblia Sagrada. João 4.

Se ela estivesse habituada a *pedir água,* teria aproveitado melhor. Provavelmente uma oportunidade que não mais se repetiu na vida dela. Não daquela maneira.

É preciso humildade.

A humildade suficiente para pensar que o Ser que está ali, naquele momento, na fila de um banco pode ensinar alguma coisa.

O balconista, o taxista...

A pessoa aparentemente simples que executa tarefas que nos aliviam da rotina da doméstica.

A costureira, o dentista, qualquer pessoa em qualquer lugar representado na parábola por Jesus no *Poço de Jacó,* pode ser alguém que nos ensinará lições importantes.

Mas, em geral, nós preferimos a posição daquele que ensina, do que faz as palestras, do que tem sempre uma resposta pronta para uma pergunta ainda nem formulada.

Pessoalmente me questiono sobre as pessoas Nobres que passaram pela nossa Vida e que não percebemos.

Os livros que deixamos de ler, as mensagens que ouvimos enquanto *dormíamos* e que não aproveitamos.

Às vezes fico imaginando o Dr. Viktor Frankl no campo de concentração cavando buracos no gelo, sendo insultado e injuriado por pessoas que nunca se perguntaram se aquele homem teria algo a lhes dizer.

Jamais se perguntaram se aquele Judeu teria algo a ensinar... se ele tinha *água* para lhes dar.

Lembro-me também da metáfora oriental em que um Monge Budista é questionado por seu discípulo da razão pela qual ele nunca falava das coisas santas às pessoas comuns.

Elas iam do povoado até o mosteiro e o Monge as levava até a horta de verduras e legumes e ficava longo tempo conversando com elas sobre as plantações.

Porque isso, perguntavam os discípulos? Não era uma perda de tempo?

O Monge responde ao discípulo que aquelas pessoas o procuravam para obter batatas e cenouras. E era isso que ele dava a elas. Porque a vida é justa; ela sempre nos dá o que pedimos e nos responde com a equivalência do esforço que fazemos na busca de algo.

Quando doamos nossa presença qualificada na busca de algo, a Vida nos responderá qualificadamente na entrega.

Se humildemente aceitamos nossa indigência intelectual e espiritual e passamos a *buscar* e a *bater* nas portas, se começamos a *pedir água,* em algum momento encontraremos o de que necessitamos.

Buscar é um movimento de esforço, assim como pedir é uma expressão da humildade.

Jesus garante que todos os que pedem obterão, e as portas serão abertas aos que nelas baterem.

Mas essa garantia vem dos Antigos no Velho Testamento que nosso Mestre diz ter vindo cumprir, nos conclamando a finalmente realizar a lei:

"Mas buscai primeiro o reino de Deus, e sua justiça e todas estas coisas vos serão acrescentadas." [42]

Essa busca deve ser qualificada pela a ética e pela moral tanto quanto possamos compreender com as potencialidades já desenvolvidas.

---

[42] Bíblia Sagrada. Mateus, 6:3

Pedir ajuda para o que ainda não conseguimos entender, buscar as pessoas, os espaços, os ambientes adequados ao desenvolvimento que desejamos.

Os que estudaram antes de nós denominam esses ambientes de escolas.

Escolas em sentido abrangente e não como entendemos cotidianamente.

A lei da solidariedade universal nos beneficia quando, por justiça, coloca nossos iguais também como devedores nossos naquilo que possam nos ensinar de valioso e bom.

Sem ajuda o homem não encontrará os métodos para iniciar o processo de unicidade e acesso a níveis mais elevados de consciência.

A ajuda que precisamos é especial. Não é qualquer ajuda e então não deve ser buscada em qualquer lugar, nem se deve bater em qualquer porta.

Para continuar usando o termo *escola* vamos entender melhor esse conceito.

Uma *escola* não é simplesmente um local circunscrito em determinado espaço físico.

É um ambiente que concentra valores e correntes científicas, filosóficas ou religiosas, numa constância e pressão suficientemente fortes. Escolas comuns não possuem esses métodos.

Sem a constância e a pressão contínuas e fortes, somente encontradas nas escolas especiais, não haverá evolução. Essa é a primeira certeza que se deve ter; certeza em nível de consciência.

Essas escolas especiais existem apenas para as pessoas que precisam delas e que *sabem* que precisam delas.

A pressão de trabalho que a escola vai imprimir no discípulo não pode ser encontrada em simples conferências ou meras leituras de livros.

O trabalho realizado em uma escola é completamente diferente de tudo o que o mundo ordinário disponibiliza.

Então, a primeira dificuldade será encontrar a escola; e depois de encontrá-la, permanecer nela.

Então vamos falar sobre essa dificuldade depois.

Realmente, não é simples de se encontrar o ambiente que *buscamos* para nosso processo de autodescobrimento.

Supondo que já tenhamos encontrado o ambiente adequado. Uma escola cristã, por exemplo.

Nosso Mestre Jesus é, em Si Mesmo, uma Escola.

O Verdadeiro Mestre não nos isenta da nossa liberdade; Sua palavra não substitui a nossa; proporciona o "retorno das nossas projeções" pela iluminação e pelo conhecimento da verdade.

A Escola Viva que repetirá incansavelmente: bem aventurados os humildes de Espírito; os que choram; os mansos; os que têm fome e sede de justiça; os misericordiosos; os limpos de coração; os pacificadores; os perseguidos por causa da justiça; os injuriados e perseguidos por causa do Cristo

Como se dá o trabalho nesse ambiente?

Estudo da linguagem: trabalho para nós mesmos. Encontrado o ambiente ou escola que buscávamos, vamos iniciar o processo trabalhando sobre nós mesmos e para nós mesmos.

É o estudo de si mesmo, o estudo do ensinamento ou o que se pode chamar de o **estudo da linguagem** da escola ou a primeira linha de trabalho.

Trabalhando com seres humanos.
Entendida a linguagem, inicia-se um tipo de trabalho que pode ser particularmente difícil para algumas pessoas: trabalhar junto, fazer junto.

Aprender a trabalhar com seres humanos é uma tarefa árdua especialmente para aqueles que não aprenderam a se relacionar com os demais reinos da natureza que são mais simples.

Uma pessoa que não tem sensibilidade para os animais e as plantas, por exemplo, não estará apta a trabalhar e equipe e provavelmente abandonará a escola muito cedo.

O Espírito de Verdade diz que é em equipe.

OS OBREIROS DO SENHOR. Aproxima-se o tempo em que se cumprirão as coisas anunciadas para a transformação da Humanidade. Ditosos serão os que houverem trabalhado no campo do Senhor, com desinteresse e sem outro móvel, senão a caridade!

Seus dias de trabalho serão pagos pelo cêntuplo do que tiverem esperado. Ditosos os que hajam dito a seus irmãos: "Trabalhemos juntos e unamos os nossos esforços, a fim de que o Senhor, ao chegar, encontre acabada a obra" (...) [43]

Esta é a segunda linha de trabalho: trabalhar junto.

Paulo de Tarso num inesquecível diálogo com o jovem João Marcos, o futuro evangelista, pouco antes dele – Marcos - deixar o grupo de pregação que fazia com Paulo e Barnabé, o adverte:

---

[43] O Evangelho Segundo o Espiritismo. Allan Kardec. Editora FEB. O Espírito de Verdade. Cap. XX, 5.

"- Deus te abençoe e proteja. Não te esqueças de que a marcha para o Cristo é feita igualmente por fileiras.

Todos devemos chegar bem; entretanto, os que se desgarram têm de chegar bem por conta própria.

Sim – disse o jovem envergonhado - , procurarei trabalhar e servir a Deus de toda a minha alma.

Fazes bem e cumprirás o teu dever assim procedendo – exclamou o ex-rabino convicto. –

Lembra sempre que David, enquanto esteve ocupado, foi fiel ao Todo- Poderoso, mas, quando descansou, entregou-se ao adultério; Salomão, durante os serviços pesados da construção do Templo, foi puro na fé, mas, quando chegou ao repouso, foi vencido pela devassidão; Judas começou bem e foi discípulo direto do Senhor, mas bastou a impressão da triunfal entrada do Mestre em Jerusalém para que cedesse à traição e à morte.

Com tantos exemplos expostos aos nossos olhos, será útil não venhamos nunca a descansar". [44]

Trabalhar para a escola.

Esta é a terceira linha de trabalho. Para que se possa trabalhar em benefício da escola, é necessário compreender o quê a escola faz, qual é o seu trabalho. Lembrando de que a escola é o ambiente que nos proporciona forte pressão e ritmo de trabalho na área da filosofia, da ciência ou da religião

Compreender as metas da escola e as suas necessidades.

Reconhecer o trabalho da escola exige tempo a menos que se esteja bem preparado.

Algumas pessoas iniciam o trabalho pela terceira linha, mas serão almas raras.

---

[44] Paulo e Estêvão. Espírito Emmanuel. Francisco Cândido Xavier. Editora FEB.

A preparação para o trabalho na terceira linha pode já se encontrar realizada antes mesmo da encarnação do espírito para aquela experiência. Mas isso é a exceção e não a regra. São os missionários e alguns tarefeiros.

Para o progresso do trabalho de autodescobrimento é necessário já estar na terceira linha de trabalho e continuar trabalhando simultaneamente nas outras duas linhas.

Sem essa rotina o trabalho não progredirá eficazmente.

(...) A criatura necessita indagar de si mesma o que faz, o que deseja, a que propósitos atende e a finalidade a que se destina. Faz-se indispensável examinar-se, emergir da animalidade e erguer-se para senhorear o próprio caminho. (...)[45]

O homem integral

Estudar um ser como o homem que não sabe ele próprio, o que é real e o que é imaginário nele mesmo é um desafio mesmo para os cientistas da mente e do psiquismo.

De maneira geral, preenchemos nossa vida com suposições às quais rotulamos de verdades. Temos nos mantido ignorantes sobre nós mesmos no conforto da cultura e das crenças que nos enchem de vento.

Enganamo-nos a nós mesmos observando uma pequena porção do que somos compostos. Pela parte tomamos o todo.

As funções fisiológicas têm suas causas e consequências no trabalho realizado pelo corpo material.

---

[45] XAVIER. F. C. Emmanuel. PÃO NOSSO, cap. 68. Ed. FEB.

As verdades que são próprias dessa dimensão física, evidentemente, não alcançam a integralidade do ser.

Carl Gustav Jung analisa a dificuldade para determinar o caráter da existência psíquica:

"Ao falar do homem, possivelmente, cada qual se refira ao próprio eu – isto é, à sua disposição pessoal, na medida em que tenha consciência dela – e quando fala de outros, pressupõe que possuam uma natureza bastante semelhante à sua. (...) De fato, é impossível determinar com exatidão a amplitude e o caráter definitivo da existência psíquica. Quando aqui falamos do homem, aludimos a uma sua totalidade que não pode ser delimitada e nem é suscetível de formulação, só podendo ser expressa por meio de símbolos. Escolhi a expressão "Si-mesmo" (Selbst) para designar a totalidade do homem, a soma dos seus aspectos, abarcando o consciente e o inconsciente.[46]

O homem integral deve ser considerado pelo menos nas suas dimensões contrapostas: espírito e matéria, a influência de uma sobre a outra, as nuances existentes entre uma e outra, onde se integram e onde se distanciam para enfim separar-se.

Vamos nos valer dos recursos do Espiritismo, enquanto ciência da alma e do espírito para compreendermos um pouco esse nosso homem integral.

Temos ouvido os termos *essência* e *personalidade* com mais de um entendimento.

Basicamente poder-se-ia considerar a essência como toda a sua competência inata e, a personalidade a competência adquirida no mundo existencial e de relação.

Para o Espiritismo a alma é a parcela do *ser inteligente (o Espírito)*, mergulhado num corpo de carne.

---

[46]— Obra citada. Pág. 86 e 87

É o Espírito encarnado. A encarnação não dará consciência de si mesmo a todas as conquistas do *ser inteligente*.

Não será o Ser Inteligente na sua integralidade que comandará o corpo de carne. Apenas parte dele vivenciará as experiências existenciais, então bem específicas rumo ao processo de evolução.

Então podemos, por dedução, entender que *alma* é a *personalidade;* o ser delimitado entre o nascimento e a morte do corpo.

É o ser existencial, com um número de inscrição no Cadastro das Pessoas Físicas, com um Registro Geral de identificação pessoal, Título de Eleitor e tudo o mais que nos individualize existencialmente como sendo isso: uma pessoa física.

Em determinada encarnação o homem pode ter a personalidade submissa para na subsequente apresentar outra face de si mesmo: arrogante e autoritário, a depender das circunstâncias e do meio onde desenvolva seus potenciais na existência.

Poderá ser débil ou viril, homem ou mulher. É o mesmo Espírito, se manifestando em personalidades diferentes em encarnações diferentes.

Este é o entendimento da *personalidade* partindo da consideração das múltiplas existências reencarnatórias. Eu comungo com esse entendimento desde os anos verdes da minha atual existência.

Pelo que pude entender, os estudos de Gurdjieff e seus alunos, dentre eles Pedro Ouspensky, não levaram em conta a reencarnação.

Considerar o tempo de uma existência para concluir todo o processo de evolução do Ser na sua integralidade põe em terra qualquer argumento de possibilidade.

Ao final da existência, Gurdjieff teve graves problemas de saúde, e alguns de seus alunos dizem que algo nele se perdera. Nós que acreditamos na transferência do conhecimento para a sede do sede do Espírito sabemos que isso não aconteceu.

Partir do princípio de que a reencarnação é uma *lei biológica*, o que a ciência espírita já há comprovado, abre um campo de reflexão inexistente na ciência da psicologia baseada no materialismo e na unicidade existencial.

A reencarnação baseia todas as nossas reflexões deste trabalho já que essa é a *escola* que encontrei e professo.

O *Espiritismo* acalenta o ser ansioso por encontrar a luz uma vez que confere o tempo da eternidade e o espaço infinito para isso.

É um bom tempo.

Não significa que possamos malbaratá-lo. Não. As experiências que devam ser vivenciadas e que não o sejam por negligência ou descaso da alma, são consideradas *aulas dadas pela Vida*.

Quando a personalidade se defronta com desafios maiores, terá que trabalhar com rapidez para compensar o tempo que perdeu em dissoluções para construir bases que já deveriam estar prontas.

Quando a alma começa a dar conta das responsabilidades assumidas na existência e entrega as *tarefas em dia* avançando passos largos, é comum que os nossos Guias Espirituais ampliem o tempo da existência. São as chamadas *moratórias* a fim de recuperar o que se perdeu em outras onde se tenha estacionado ou andado pouco.

Também pode acontecer da alma começar a se distanciar demasiado do planejamento reencarnatório, ingressando em atalhos indesejáveis.

Neste caso, havendo algum merecimento por parte do Espírito, os Guias Espirituais podem encurtar a existência a fim de que a alma não saia dela com mais problemas do que ao ingressar no corpo carnal.

Quando Ouspensky se refere à evolução possível ao homem ele se refere ao que o homem consiga alcançar em uma única existência porque ele não está convicto de que a reencarnação é uma lei biológica.

Vamos nós pensar na psicologia da evolução possível em uma existência, sem no entanto, perder de vista que o caminho da perfeição está na linha da eternidade e do infinito e que o progresso do Ser está submetido à lei da reencarnação.

Podemos escolher evoluir o possível na existência atual, seguindo a luz do Farol denominado Jesus.

O Espírito: Ser Inteligente

"Pode-se dizer que os Espíritos são os seres inteligentes da Criação. Povoam o Universo, fora do mundo material."[47]

O Espírito, ou Essência do Ser, detém em si o resultado das experiências existenciais que tenha realizado.

---

[47] O Livro dos Espíritos. Allan Kardec. Editora FEB. Questão 76.

O que o Espírito manifestará na existência corporal, como já vimos, será a personalidade preparada para realizar as experiências e as provas específicas estabelecidas no planejamento reencarnatório.

A alma, um Espírito encarnado, permanecerá em ressonância com a plenitude do Ser Inteligente manifestando no mundo corpóreo algumas vivências e memórias para serem refinadas ou colocadas à prova.

Os danos causados por ação contrária à Lei Divina geram responsabilidades de reparação e ficam pendentes de solução em existência posterior.

Todas essas questões entrarão nas equações da existência balizando o sentido e a direção das ações que devem ser realizadas.

O autoconhecimento é a ferramenta mais eficaz para o enfrentamento dos desafios reencarnatórios, possibilitando que se tire o máximo proveito da experiência corporal.

O corpo funciona como veículo mediúnico das emanações do Espírito para o mundo de relação.

Quando falamos de pendores inatos, estamos nos referindo à **essência do Ser, o Espírito,** que emana para o corpo as experiências exitosas que se manifestarão como talentos para isso ou aquilo.

A alma: o Espírito encarnado.

A alma é essa prisioneira em um barco: o corpo de carne, viajando no oceano da vida. A personalidade.

Esse barco é guiado à distância dimensional pelo Ser Integral que tem possibilidades consideravelmente reduzidas de interferência nos rumos preestabelecidos.

As condições mecânicas do barco, as possibilidades de comunicação e o esforço desse tripulante solitário - a alma - irão definir o resultado da experiência.

A personalidade – alma - poderá contar com tudo o que foi apreendido de um modo ou de outro, consciente ou inconscientemente.

A personalidade é construída pelo processo cognitivo; o aprendizado.

A maior parte do aprendizado que compõe a personalidade se realiza pela *imitação.*

Gostos e não gostos de todas as espécies são adquiridos por imitação ou por imaginação. São completamente artificiais e desempenham papel desastroso na vida do homem enquanto ser encarnado.

Por natureza o homem deveria gostar do que é bom para ele e rejeitar o que é mau.

Quando o Ser Integral está no controle, dominando a personalidade o homem está saudável.

Quando a personalidade começa a dominar a essência do homem, ele começa a gostar do que é mau e a rejeitar o que é bom.

O ideal seria que a essência e a personalidade mantivessem influência uma sobre a outra com a subordinação da personalidade à essência sem prevalecimento daquela.

Quando a essência prevalece, justamente por não constituir ela a totalidade do Ser, a pessoa não consegue adquirir cultura.

São aquelas pessoas boas e simples, inteligentes, mas incapazes de se desenvolverem por faltar o impulso motor que a personalidade deveria dar.

Por outro lado, quando a personalidade prevalece sobre a essência, a pessoa não amadurece.

São as pessoas cultas nas quais ocorreu o desenvolvimento rápido e prematuro da personalidade em detrimento do crescimento da essência que pode recolher-se em idade ainda muito tênue.

O resultado são esses homens e mulheres de aparência adulta, cuja essência, porém, permanece na idade de dez ou doze anos, às vezes, menos.

A essência, neles, permanece num estado de semicrescimento ou de desenvolvimento incompleto.

As causas da imaturidade da essência são inúmeras.

As condições da vida moderna favorecem o subdesenvolvimento da essência.

A empolgação pelos esportes, tanto físicos quanto intelectuais sobretudo pelo espírito de competição.

Igualmente o excesso de atividades intelectuais sem objetivo prático imediato e o acesso exagerado a número de informações e atividades sem a correspondente presença da essência.

A educação excessivamente protetora.

A agressividade dos pais ou responsáveis.

Esses e outros fatores podem deter o desenvolvimento da essência às vezes em idade tão tenra que ela não será capaz de se erguer novamente.

O ideal é que a personalidade e a essência assentem seu crescimento paralelamente.

O caminho deve ser indicado pela essência sendo secundário o papel da personalidade nesse tocante.

A personalidade, porém, raramente se mantém no papel que lhe é próprio porque isso implica conhecer a verdade e o seu verdadeiro lugar.

Para a personalidade, conhecer a verdade significa abandonar a situação usurpada e ocupar a situação que lhe compete: de subordinação.

A desarmonia no estado atual do homem tem por causa a situação de incoerência entre a personalidade e a essência com relação aos seus papéis.

Para sair desse estado desarmônico é preciso conhecer a si mesmo.

O corpo é o instrumento da dor. Se não é a causa primária desta é, pelo menos, a causa imediata. (...)[48]
(...) Nada se realiza aos saltos e, na pauta de Lei Divina, não existe privilégio em parte alguma. (...)[49]

Conhecer o corpo

O veículo físico empresta possibilidade ao Espírito de se manifestar no mundo corpóreo. Desta forma, quanto possível deve ser compreendido em sua inteireza, isso significando sua organização, suas dimensões e suas funções.

Conhecer a si mesmo se inicia pela compreensão do corpo.

Vimos que o corpo possui funções que são distintas e independentes uma da outra.

 Essas funções realizam seu trabalho em dimensões de tempo diferente e possuem estrutura própria que controlam todas as nossas ações ordinárias.

---

[48] O LIVRO DOS ESPÍRITOS. Allan Kardec. Editora FEB. Questão 257.

[49] XAVIER. F.C. Emmanuel. FONTE VIVA, cap. 62. Ed. FEB.

Essas estruturas anímicas são completamente independentes entre si, têm uma área de ação particular, poderes próprios e se desenvolvem por si mesmas.

Cada estrutura é composta de energias próprias com um centro de gravidade – ou um cérebro - se assim podemos nos expressar, poderoso e influente.

Considerando as funções, cada uma delas é comandada por um centro ou um cérebro como Ouspensky denomina também.

Assim, quatro funções, quatro cérebros: cérebro intelectual, cérebro sensorial, cérebro motor, cérebro instintivo. O cérebro emocional não está situado na dimensão do corpo físico. Por isso que haveremos de nos referir sempre a sensações e não a emoções.

A palavra centro também é utilizada.

Ouspensky prefere o termo *cérebro* para melhor entendimento já que *centro* tem vários outros significados.

Tudo mera questão de linguagem para entendimento.

Os cérebros e sua relação com a essência e a personalidade.

O que é inato no homem constitui a estrutura e a capacidade dos *cérebros*, ou seja, seus pontos fortes e pontos débeis. Essa estrutura pertence à essência.

Tudo o que o homem adquire pela cultura e pela vida de relação na existência, constitui o conteúdo dos *cérebros* e pertence à personalidade.

Podemos entender que a estrutura e a capacidade dos cérebros ambientam a personalidade.

A estrutura dos cérebros, pertence à essência, ambienta a personalidade e leva as experiências existenciais à sede do Espírito ampliando a potência e a extensão do conhecimento.

Conhecendo-se melhor

O conhecimento de si significa a compreensão do homem a partir do seu veículo de manifestação: o corpo.

Comumente entende-se conhecer a si mesmo como saber as particularidades próprias, os desejos, gostos, capacidades e intenções.

Isso não é se conhecer. Não mesmo.

Para se conhecer é necessário estudar e entender, quanto possível, a estrutura do corpo humano, suas partes, as funções das diferentes partes, as condições que regem seus trabalhos, e assim por diante.

Observando o corpo como instrumento de evolução do Espírito, facilmente o reconhecemos como máquina: maravilhosa máquina, porém sempre máquina.

Essa máquina é fundamental para a relação com a dimensão da matéria; assim sendo o domínio do corpo sobre o Espírito pode ser quase absoluto.

O corpo encarcera as potências do Espírito.

Para a libertação do jugo do corpo sobre o Espírito, é preciso compreender seus mecanismos.

Para compreender é preciso **observar.**

Observar a si mesmo é o único meio de estudar o corpo.

E este é um trabalho pessoal e intransferível. Ninguém o fará por nós.

Como observar o corpo?

Pensar em uma técnica é importante.

Se já sabemos que existem funções do corpo, que elas são diferentes e autônomas, procurar distingui-las é o primeiro passo.

Sabemos que vivemos em diferentes estados de *consciência* e que passamos a maior parte do tempo em estado de letargia da consciência.

Por esta razão, memórias antigas e condicionamentos afloram nos momentos mais inusitados como verdadeiras potências, o que podemos chamar de *subpersonalidades*.

São os incontáveis *eus* que convivem conosco e em nós.

Estar atento aos sinais da mecanicidade, por exemplo. Os movimentos quase involuntários que fazemos em uma conversa, gestos exagerados e desnecessários para a comunicação. Expressões de sarcasmos ou indiferença.

Verificar com atenção se participamos de uma roda de conversa mantendo a serenidade corporal, ou se expressamos tiques nervosos tais como a movimentação aleatória dos pés, ranger de dentes enquanto esperamos nosso momento de falar...

Gurdjieff fazia exercícios de silêncio corporal interessantes que correspondem mais ou menos a brincadeira infantil da *estátua*. As crianças fazem vários movimentos e depois alguém fala a palavra *estátua (ou stop)* e todos devem ficar na posição exata em que se encontram.

Essa brincadeira é bem mais que isso se for realizada com propósito: observar a si mesmo, pensar em si, lembrar de si.

Penso que a rotina diária nos oferece inúmeras oportunidades de observarmos o nosso corpo e seus movimentos.

Quando vamos descascar uma laranja. A maior parte das vezes, senão todas, realizamos esse trabalho na mecanicidade. Mas, aproveitar a ocasião para prestar atenção em todos os detalhes da ação, eleva o procedimento para a região intelectual do centro motor, ou a região emocional. Então, é possível que num momento desses nosso coração se replete de gratidão a Deus pelas nossas mãos, pelos dedos, por tudo que temos.

É a meditação na ação.

Os mais experientes dizem: quando você for comer, coma. Se for andar, ande. Se for correr, corra. Se for dormir, durma. Se for falar, fale. Se for cantar, cante. Se for dançar, dance...

Pode parecer óbvio. Mas o óbvio precisa ser exposto de maneira clara a fim de não cairmos na mecanicidade.

É comum estarmos engolindo uma comida, supondo que estamos comendo.

Vemos pessoas que desejam andar, caminhar. Entretanto, colocam um fone de ouvido e vão ouvindo músicas para *esquecerem* que estão andando ou caminhando. Então elas não caminharam, elas ouviram música. Talvez nem isso. Provavelmente dormiram.

Outras vezes estão caminhando de forma tão apressada que correm; quando o objetivo é correr gritam ou elaboram gestos estranhos para que o movimento seja suportável.

Não há nenhum ganho aí. Acreditem.

Nosso corpo deve ser observado como se estivéssemos diante de uma vitrine de uma loja olhando um belo diamante... cada detalhe da beleza, da estética. Sem qualquer desejo além da profunda gratidão a Deus pelo fato único daquele diamante existir.

Gratidão pelo diamante incomensuravelmente valioso que é o nosso corpo ou alguma função dele.

Os orientais encontram o silêncio interior com o absoluto controle dos movimentos corporais, mas nós temos dificuldade.

Precisamos realizar a meditação sobre o nosso corpo pela prática dos atos comuns da vida.

Eu gosto da pintura. E sempre que estou pintando uma tela procuro meditar em todas as partes do meu corpo que me ajudam naquele trabalho. Em alguns momentos entro em silêncio tão profundo que parece que eu parei de pintar.

Mas não parei. Estou pintando numa outra dimensão. E quando volto eu percebo que meus movimentos estão bem mais harmônicos.

Vocês já pensaram quem será que fez a casca do abacaxi?

Já ouvi pessoas dizendo que não foi nenhum anjo porque a casca do abacaxi fere nossa mão e às vezes deixa um pequeno espinho na polpa da fruta que fere nossa boca.

Mas é porque nunca prestaram atenção na casca do abacaxi.

Foi um lindo anjo que a fez. O abacaxi é uma fruta que serve de excelente ferramenta para a meditação e a observância do corpo. Não se deve cortar a casca para comer a fruta. Não! Cada gominho da casca está de tal forma desenhado e sobreposto na polpa da fruta que com muita facilidade destacamos um a um com a mão.

Sim, você terá de comer um pedacinho de cada vez.

Mas é assim mesmo... um pedacinho de cada vez.

Você também terá de ter grande cuidado para não ferir os dedos. Terá de observar atentamente, minuciosamente.

E isso é gratificante.

Uma amiga minha, professora na Escola que eu coordeno, falou que ensina os alunos a observarem o paladar com uma atividade simples. Ela dá uma uva passa para cada um e pede que eles comam. Em seguida pergunta o que cada um sentiu. A maioria não percebeu nada.

Depois dos relatos ela repete a atividade, mas desta vez pede a eles que não mastiguem nem engulam a uvinha passa imediatamente. Orienta-os a prestarem atenção primeiramente na textura da uva e em como ela vai absorvendo a umidade da boca e amolecendo, sentir o sabor, e deixar que a uva se desfaça toda na boca.

Os relatos da segunda atividade são sempre mais interessantes.

Essas verdades pedem maturidade mínima para serem aceitas e vivenciadas.

É imperiosa a maturidade do senso moral, não nos cansamos de repetir.

"Não deis aos cães o que é santo, nem lanceis aos porcos as vossas pérolas, para não acontecer que as calquem aos pés e, voltando-se vos despedacem." [50]

"Que a verdade de Brahma seja ensinada apenas aos que obedecem a sua lei, que lhe são devotados e que têm pureza de coração" [51]

"... é preciso que jamais diga essa santa verdade a ninguém que não tenha autocontrole e devoção, ou que despreze seu mestre e caçoe de mim." [52]

---

[50] Bíblia Sagrada. Mateus, 7:6

[51] As Upanishad

Agradeçamos, então, aos Anjos que deixaram os céus e vieram até nós ensinar essas verdades:

"Os Espíritos do Senhor, que são as virtudes dos Céus, qual imenso exército que se movimenta ao receber as ordens do seu comando, espalham-se por toda a superfície da Terra e, semelhantes a estrelas cadentes, vêm iluminar os caminhos e abrir os olhos aos cegos. ..."[53]

[52] Krishna a Arjuna.

[53] O Evangelho Segundo o Espiritismo. Allan Kardec. Editora FEB. Prefácio.

Alcione

Havia uma Estrela no céu
Que decidiu vir aqui
Aqui neste vale sombrio
Oh! Estrela... Estrela do céu
Viestes ouvir os murmúrios...
Que seriam?
As ondas do Mar?
O canto dos ventos?
Oh não! Estrela...
O que ouves, são ruídos de dor, de passos cansados, de vestes
rasgadas, de cheiro de sal...
Oh pobre Estrela, não mais conseguistes voltar.
Tuas asas trocastes por pés calejados,
que seguem nos vales,
que escalam os montes sem nunca parar...
Oh! Oh! Estrela... Estrela do Céu...
Estrela do Mar...
Tua luz nos doastes...
Nossa dor consolastes
Oh! Pobre Estrela...
Não mais conseguistes voltar...
Oh! Estrela... tua luz é farol...
Teu amor nos refaz...
E teu canto Divino, ecoa suave...
Qual brisa da noite
Que cobre de paz os corpos daqueles
Que escolhestes amar...
Oh! Estrela...
Não mais voltarás...
Não mais voltarás... Não mais voltarás...

A aquisição do conhecimento espiritual, com a perfeita noção dos nossos deveres, desperta em nosso mundo íntimo a centelha do espírito divino, que se encontra no âmago de todas as criaturas. (...)[54]

Observação de si; os primeiros resultados

Não é possível se observar sem julgamento ou imparcialidade. Primeira constatação.

Para o homem que se observa alguns traços lhe serão agradáveis, outros não, alguns o irritarão ou mesmo causarão horror; alguns lhe são úteis e outros lhe causam problemas.

Essa distinção, entretanto, não é exata nem real. Ela se dará sempre do ponto de vista do conhecimento que o homem já tenha elaborado sobre si mesmo.

As habilidades adquiridas é que lhe concederão um despertar e desenvolvimento possível nas circunstâncias existenciais.

---

[54] XAVIER. F. C. Emmanuel. O CONSOLADOR, Q. 303. Ed FEB.

A observação de si mesmo dará ao homem o entendimento de alguns pontos que devam ser eliminados e outros dos quais precisa tomar consciência. Isso se dará em período até rápido pelo fato de que a maioria de nós está realizando valores muito **aquém** das próprias possibilidades.

Finalmente o homem chegará à conclusão de que não deve jamais esquecer que o estudo de si é o primeiro passo para sua evolução possível no atual estágio da sua existência corporal.

Os traços que são prejudiciais e facilmente observáveis

As manifestações mecânicas, de modo geral, são prejudiciais.

Manifestar-se mecanicamente significa emitir conceitos e opiniões sobre *coisas que não conhecemos* e que nem sequer podemos conhecer, como se as conhecêssemos e como se pudéssemos conhecê-las.

Falar sem necessidade e sem atenção ao ato de falar pode se converter num vício.

Há pessoas que falam o tempo todo; quando podem falam a alguém e quando não podem falam consigo mesmas, dormindo até. Abordamos isso anteriormente, mas é bom repetir.

O silêncio é uma prece e é curativo. Em hospitais há recomendações expressas sobre os malefícios dos ruídos que o ato de falar causa.

A **imaginação** é outro traço que pode ser muito prejudicial porque a usamos frequentemente contra nós mesmos.

De tal maneira nos condicionamos a imaginar que quando desejamos observar algo, a imaginação toma o lugar que não lhe é próprio e nos esquecemos de observar.

A imaginação – como a temos entendido - não é essa *"faculdade criadora ou seletiva"*. Ao contrário. Ela é um desvio da criatividade. As energias criadoras, que são as forças sexuais da alma, originadas da fonte de toda a Criação – o Hálito Divino - se expressam pelo canal da **mediunidade,** cuja fenomenologia ainda é pouco estudada.

Imaginar gera desequilíbrio no canal mediúnico que pode vir a ser acessado por outras mentes, sem o nosso controle.

O homem é arrastado pela imaginação para longe de suas decisões mais conscientes e levado aonde não tinha intenção de ir.

As chamadas **emoções negativas** deveriam ser conceituadas por **sensações negativas** uma vez que se alojam na dimensão material.

São elas todas as expressões de *violência* que cotidianamente o homem emite não tendo sobre elas controle algum.

Compaixão de si mesmo, irritação, mau humor, cólera, medo, contrariedades, aborrecimento, desconfiança, ciúme, e tantas outras, consideradas naturais e até necessárias; ou mesmo uma forma peculiar de *sinceridade.*

Mas não passam de comportamentos desequilibrados por causas orgânicas e/ou psíquicas cujos danos a ciência vem comprovando todos os dias.

A negatividade como **sensação** não é uma emoção.

O homem *sente os efeitos* dos desequilíbrios de hormônios, memórias celulares, condicionamentos, crenças, preconceitos; por isso *sensações* e não *emoções.*

As emoções verdadeiras são positivas sempre.

As sensações negativas são sinal da própria debilidade do homem.

Podem significar também defeito de caráter e impotência para guardar para si seus próprios agravos.

Os Espíritos amáveis orientam que não venhamos a dar espaço para o comportamento expresso ou implícito que signifique negatividade.

O Espírito André Luiz[55] se detém nesses aspectos das nossas relações com o meio e com a sociedade.

Com atualidade ele fala sobre os danos que o **melindre** causa:

Melindres arrasam as melhores plantações de amizade. (...)
Melindrar-se é um modo de perder as melhores situações. (...)
Não se aborreça, coopere. (...)
Quem vive na condição de se ferir, acaba na condição de espinheiro. (...)"

O aparentemente inofensivo melindre é o primeiro indício de graves desequilíbrios sedimentando-se na alma.

A cólera[56]

O orgulho vos induz a julgar-vos mais do que sois; a não suportardes uma comparação que vos possa rebaixar; a vos considerardes, ao contrário, tão acima dos vossos irmãos, quer em espírito, quer em posição social, quer mesmo em vantagens pessoais, que o menor paralelo vos irrita e aborrece.

Que sucede então? Entregai-vos à cólera.

Bem-aventurados os que são brandos e pacíficos

---

[55] Sinal Verde. Espírito André Luiz. Francisco Cândido Xavier. Editora FEB.

[56] O Evangelho Segundo o Espiritismo. Allan Kardec. Editora FEB. Cap. IX.

Pesquisai a origem desses acessos de demência passageira que vos assemelham ao bruto, fazendo-vos perder o sangue-frio e a razão; pesquisai e, quase sempre, deparareis com o orgulho ferido.

Que é o que vos faz repelir, coléricos, os mais ponderados conselhos, senão o orgulho ferido por uma contradição? Até mesmo as impaciências, que se originam de contrariedades muitas vezes pueris, decorrem da importância que cada um liga à sua personalidade, diante da qual entende que todos se devem dobrar.

Em seu frenesi, o homem colérico a tudo se atira: à natureza bruta, aos objetos inanimados, quebrando-os porque lhe não obedecem.

Ah! se nesses momentos pudesse ele observar-se a sangue-frio, ou teria medo de si próprio, ou bem ridículo se acharia!

Imagine ele por aí que impressão produzirá nos outros.

Quando não fosse pelo respeito que deve a si mesmo, cumpria-lhe esforçar-se por vencer um pendor que o torna objeto de piedade.

Se ponderasse que a cólera a nada remedeia, que lhe altera a saúde e compromete até a vida, reconheceria ser ele próprio a sua primeira vítima.

Outra consideração, sobretudo, devera contê-lo, a de que torna infelizes todos os que o cercam. Se tem coração, não lhe será motivo de remorso fazer que sofram os entes a quem mais ama?

E que pesar mortal se, num acesso de fúria, praticasse um ato que houvesse de deplorar toda a sua vida!

Em suma, a cólera não exclui certas qualidades do coração, mas impede se faça muito bem e pode levar à prática de muito mal.

Isto deve bastar para induzir o homem a esforçar-se pela dominar.

O espírita, ademais, é concitado a isso por outro motivo: o de que a cólera é contrária à caridade e à humildade cristãs. – Um Espírito protetor. (Bordeaux, 1863.)

Jesus, no Sermão da Montanha, adverte sobre o cuidado com as palavras:

Bem-aventurados os que são brandos, porque possuirão a Terra.[57]

Bem-aventurados os pacíficos, porque serão chamados filhos de Deus.[58]

Sabeis que foi dito aos antigos: "Não matareis e quem quer que mate merecerá condenação pelo juízo." Eu, porém, vos digo que quem quer que se puser em cólera contra seu irmão merecerá condenado no juízo; que aquele que disser a seu irmão: "Raca", merecerá condenado pelo conselho; e que aquele que lhe disser: "És louco", merecerá condenado ao fogo do inferno.[59]

Como já nos reportamos, os traços das sensações negativas podem ser identificados com certa facilidade, bastando para isso alguma dose de humildade.

Há um texto de Santo Agostinho – Espírito - que merece nossa meditação:[60]

"Fazei o que eu fazia, quando vivi na Terra: ao fim do dia, interrogava a minha consciência, passava revista ao que fizera e perguntava a mim mesmo se não faltara a algum dever, se ninguém tivera motivo para de mim se queixar.

Foi assim que cheguei a me conhecer e a ver o que em mim precisava de reforma.

Aquele que, todas as noites, evocasse todas as ações que praticara durante o dia e inquirisse de si mesmo o bem ou o mal que houvera feito, rogando a Deus e ao seu anjo de guarda que o esclarecessem, grande força adquiriria para se aperfeiçoar, porque, crede-me, Deus o assistiria.

---

[57] A Bíblia Sagrada. Mateus, 5:5.

[58] — Idem. Mateus, 5:9.

[59] — Idem Mateus, 5:21 e 22

[60] O Livro dos Espíritos. Allan Kardec. Editora FEB. Questão 919.

Dirigi, pois, a vós mesmos perguntas, interrogai-vos sobre o que tendes feito e com que objetivo procedestes em tal ou tal circunstância, sobre se fizestes alguma coisa que, feita por outrem, censuraríeis, sobre se obrastes alguma ação que não ousaríeis confessar.

Perguntai ainda mais: 'Se aprouvesse a Deus chamar-me neste momento, teria que temer o olhar de alguém, ao entrar de novo no mundo dos Espíritos, onde nada pode ser ocultado?'

Examinai o que pudestes ter obrado contra Deus, depois contra o vosso próximo e, finalmente, contra vós mesmos.

As respostas vos darão, ou o descanso para a vossa consciência, ou a indicação de um mal que precise ser curado.

O conhecimento de si mesmo é, portanto, a chave do progresso individual.

Direis, como há de alguém julgar-se a si mesmo?

Não está aí a ilusão do amor-próprio para atenuar as faltas e torná-las desculpáveis?

O avarento se considera apenas econômico e previdente; o orgulhoso julga que em si só há dignidade.

Isto é muito real, mas tendes um meio de verificação que não pode iludir-vos.

Quando estiverdes indecisos sobre o valor de uma de vossas ações, inquiri como a qualificaríeis, se praticada por outra pessoa.

Se a censurais noutrem, não na podereis ter por legítima quando fordes o seu autor, pois que Deus não usa de duas medidas na aplicação de sua justiça.

Procurai também saber o que dela pensam os vossos semelhantes e não desprezeis a opinião dos vossos inimigos, porquanto, esses, nenhum interesse têm em mascarar a verdade e Deus muitas vezes os coloca ao vosso lado como um espelho, a fim de que sejais advertidos com mais franqueza do que o faria um amigo.

Perscrute, conseguintemente, a sua consciência aquele que se sinta possuído do desejo sério de melhorar-se, a fim de extirpar de si os maus pendores, como do seu jardim arranca as ervas daninhas; dê balanço no seu dia moral para, a exemplo do comerciante, avaliar suas perdas e seus lucros e eu vos asseguro que a conta destes será mais avultada que a daquelas.

Se puder dizer que foi bom o seu dia, poderá dormir em paz e aguardar sem receio o despertar na outra vida. Formulai, pois, de vós para convosco, questões nítidas e precisas e não temais multiplicá-las.

Justo é que se gastem alguns minutos para conquistar uma felicidade eterna.

Não trabalhais todos os dias com o fito de juntar haveres que vos garantam repouso na velhice?

Não constitui esse repouso o objeto de todos os vossos desejos, o fim que vos faz suportar fadigas e privações temporárias?

Pois bem! que é esse descanso de alguns dias, turbado sempre pelas enfermidades do corpo, em comparação com o que espera o homem de bem?

Não valerá este outro a pena de alguns esforços?

Sei haver muitos que dizem ser positivo o presente e incerto o futuro.

Ora, esta exatamente a ideia que estamos encarregados de eliminar do vosso íntimo, visto desejarmos fazer que compreendais esse futuro, de modo a não restar nenhuma dúvida em vossa alma.

Por isso foi que primeiro chamamos a vossa atenção por meio de fenômenos capazes de ferir-vos os sentidos e que agora vos damos instruções, que cada um de vós se acha encarregado de espalhar. Com este objetivo é que ditamos O livro dos espíritos." Santo Agostinho

Analisar a si mesmo para conhecer os pontos frágeis é a condição para iniciar o processo de mudança.

(...) Em todos os seus atos, o discípulo de Jesus deverá considerar se estaria satisfeito, recebendo-os de um seu irmão, na mesma qualidade, intensidade e modalidade com que pretende aplicar o conceito, ou exemplo, aos outros. (...)[61]

Ante si mesmo

Emitindo menos opiniões sem a certeza delas guiar-se-á menos por ideias falsas.

Em algum momento o homem descobre que não consegue mais controlar suas opiniões e elas passam a comandar suas outras funções.

Esse homem mais ocupado de si mesmo dedica mais tempo aprendendo a controlar as manifestações mecânicas.

Já aprendeu que não é suficiente observá-las; precisa resistir. Porque sem resistir às manifestações mecânicas não pode observá-las! Uma coisa leva a outra.

[61] XAVIER. F. C. Emmanuel. O CONSOLADOR, Q. 195. Ed. FEB.

A aparição das manifestações mecânicas é sempre tão rápida, familiar e imperceptível, que é impossível notá-las se não forem feitos **esforços** suficientes para criar-lhes obstáculos.

Neste ponto, o homem tem noção mais exata da sua completa mecanicidade e a própria incapacidade de lutar contra ela sem ajuda.

Momento importante esse: o da conscientização de que precisa de ajuda, **de um saber novo e de assistência direta** para ser despertado sempre que cair no sono.

É a constatação da lei da solidariedade universal. Não se alcança a evolução sem ajuda mútua dos homens entre si. Mas para isso é preciso **amar.**

É provável que a recomendação de Jesus sobre o amor tenha fundamento na lei da solidariedade.

"Novo mandamento vos dou: que vos ameis uns aos outros; assim como Eu vos amei, que também vós vos ameis uns aos outros".[62]

O amor que Jesus recomenda vai além do que os Antigos propunham de amar o próximo como a si mesmo.

Jesus fala do amor incondicional que extrapola o amor de si para uma integração cósmica solidária.

Por isso Ele diz que os homens devem se amar uns aos outros como Ele (Jesus) nos amou...

Começamos a perceber que o amor é a chave do conhecimento de tudo o que existe.

Sem amar não conheceremos a verdade e não seremos livres.

Os que nos amam são os que podem chamar nossa atenção de maneira eficaz para os comportamentos mecânicos.

[62] Bíblia Sagrada. João, 13:34.

A humildade é a plataforma onde nos assentaremos para esse trabalho de observação da mecanicidade e da contínua queda no sono.

Qualquer ponta de orgulho põe tudo a perder porque não aproveitaremos as admoestações cotidianas que tanto nos podem auxiliar nessa observação.

E, somente quando amamos o outro com o Amor de Jesus, nos habilitaremos da energia e da serenidade para acordá-lo do sono e permanecer com ele até que a sombra se dissipe.

É preciso coragem para amar... e mais coragem para aceitar o amor.

O amor pode ser constrangedor para aquele que é amado.

Porque sermos amados nos traz uma grande responsabilidade por aquele Ser que nos ama.

Aquele que voluntariamente escolhe a solidão, é alguém que tem medo de ser amado, medo de receber porque se sente miserável e incapaz da mínima reciprocidade.

Há pessoas que não gostam de receber favores para posteriormente não se sentirem cobradas.

Imaginemos nossa dívida de amor com Jesus, a Quem ainda não temos condições de corresponder à mínima parte.

Talvez por isso Paulo afirme que a Vida e a Morte de Jesus por nós são impagáveis, razão pela qual *o Amor do Cristo nos constrange...*"

2 – Coríntios.
13. Pois, se enlouquecemos, é por amor a Deus; se conservamos o juízo é porque vos amamos.
14. Porquanto o amor do Cristo nos constrange.

Despertar do sono só é possível tendo o semelhante como referência.

Significa deixar de viver para si mesmo para atender ao chamado da maior Fonte do Conhecimento que já existiu: **o Amor de Jesus**.

Voltando ao Prefácio de O Evangelho Segundo o Espiritismo, o Espírito de Verdade continua: *"... Eu vos digo, em verdade, que são chegados os tempos em que todas as coisas hão de ser restabelecidas no seu verdadeiro sentido, para dissipar as trevas, confundir os orgulhosos e glorificar os justos.*

As grandes vozes do Céu ressoam como sons de trombetas, e os cânticos dos anjos se lhes associam. Nós vos convidamos, a vós homens, para o divino concerto. Tomai da lira, fazei uníssonas vossas vozes, e que, num hino sagrado, elas se estendam e repercutam de um extremo a outro do Universo.

Homens, irmãos a quem amamos, aqui estamos junto de vós. Amai-vos, também, uns aos outros e dizei do fundo do coração, fazendo as vontades do Pai, que está nos Céu: Senhor! Senhor! ... e podereis entrar no reino dos Céus."

Filhos Pródigos

Senhor das estrelas,

Abençoes a nossa noite.

Senhor da Vida,

Cures os nossos pés.

Caminhamos longo tempo

Sobre os espinhos

Que nós mesmos descuidados

Houvemos semeado...

Agora, à porta da Vossa Casa,

Rogamos misericórdia.

Deixe-nos Senhor, entrar.

Está tão frio aqui fora,

Precisamos do Teu calor.

Sedentos do Teu olhar,

Sentimos tanta saudade

Do Teu Amor...

Vigiai e orai, para que não entreis em tentação: na verdade o espírito está pronto, mas a carne é fraca. [63]

Sono; quando ele domina

Estamos caindo continuamente em profundo sono. Quando algo nos desperte, imediatamente somos envolvidos por estranha sensação de frustração; a de que perdemos algo.

A primeira causa da queda no sono é o condicionamento da **identificação.**

A identificação é um estado curioso; o homem passa a maior parte da vida nele.

O homem é capaz de se identificar com praticamente tudo: o que fale, saiba, creia, não creia, deseje, não deseje. Com o que o atraia ou com o que o repila.

De maneira geral, tudo nos absorve. Somos quase absolutamente incapazes de nos separamos das nossas ideias, dos sentimentos ou do objeto da nossa atenção.

[63] Bíblia Sagrada. Mateus, 26:41.

Isso significa que, *no estado de identificação* o homem é incapaz de considerar imparcialmente o objeto da sua identificação.

Somos identificados, por exemplo, com os objetos que supomos possuir.

Damos pouca atenção a algo até que nos seja solicitado. Neste momento a identificação comparece e aquele objeto até então esquecido passa a ser valioso.

É possível que por educação venhamos a entregar o que nos foi pedido, ou por incapacidade de dizer a palavra *não*; mas poderemos sofrer muito com isso.

Um exemplo de algo com o qual o homem não possa se identificar é muito difícil.

O *estado de identificação* é o em que o homem tem menos controle sobre suas reações mecânicas.

Manifestações mecânicas como a *mentira, imaginação, expressão das sensações negativas* sempre vão ocorrer no estado de identificação.

Libertar-se da identificação traz consigo a libertação de muitas manifestações inúteis e tolas.

O homem sofre muito para libertar-se da identificação e é comum que prefira permanecer no suposto conforto de existir nas projeções que faz de si mesmo.

Para se libertar da identificação, disciplina e esforço serão exigidos em uma escala de pressão, temperatura e frequência não encontradas nos homens fisiológicos.

Os Espíritos amigos falam sobre isso em O Livro dos Espíritos, na questão 909:

909. Poderia sempre o homem, pelos seus esforços, vencer as suas más inclinações?

Sim, e, frequentemente, fazendo esforços muito insignificantes. O que lhe falta é a vontade. Ah! Quão poucos dentre vós fazem esforços!"

A psicologia moderna, não apresenta o menor sinal de compreensão sobre o verdadeiro sentido da *identificação*. Assim dizem os filósofos.

Outro fator de queda no sono é a **consideração.**

A consideração é um estado muito próximo da identificação, diz Pedro Ouspensky.

Considerar, é, de fato, identificar-se com as pessoas.

Nesse estado o homem preocupa-se constantemente com *o quê* as pessoas pensam dele.

Se é tratado de acordo com os méritos que supõe possuir; se é suficientemente admirado, e assim por diante.

A *consideração* desempenha um papel muito importante na vida de cada um, mas para certas pessoas converte-se em obsessão.

Nossa existência está tecida de *consideração* que quer dizer: preocupação, dúvida, suspeita.

É possível que fiquemos tão envolvidos pela *consideração* que não reste em nós mesmos espaço para mais nada.

Os fenômenos da identificação e da consideração, vagamente percebidos, mas não compreendidos, são a gênese dos mitos sobre os chamados *"complexos de inferioridade, superioridade, édipo, electra, e outros."*

Existe uma única forma de enfraquecer a identificação e a consideração: observá-las seriamente, ou seja, com perseverança.

Conhecer plenamente o fenômeno delas a partir de si mesmo é quase impossível.

Não conseguimos ver a identificação nem a consideração em nós mesmos.

Mas podemos facilmente observá-la nos outros.

Então basta lembrar que **nós próprios não somos em nada diferentes dos outros.** A esse respeito **todos os homens são iguais.**

Miragens. Grande parte do tempo é usado na tentativa de alcançá-las...

Miragens

Enfim... não era real...

Miragens...

Tu e tua mente doente...

Miragens...

As luzes apagam e acende uma dor

Uma dor diferente....

Ah! É uma dor tão doída...

Que te deixa caída,

No caminho escuro...

Tu e tua mente doente...

Miragens...

Miragens, somente miragens...

Mas então vem Jesus;

"Vinde você também a mim...

Olhe os Filhos do Calvário,

Recomece teu trabalho...

Toda dor um dia tem fim!"

Jesus meu amigo, meu abrigo...

Jesus minha porta...

Onde eu entro sem volta...

(...) Se permaneces na infância espiritual não podes usufruir, por não saberes utilizar de todos os bens; todavia, se adquirires a maioridade, irás utilizando-te e felicitando-te com todos os tesouros da Criação, como filho de Deus, portanto, Seu herdeiro ditoso.[64]

Nós, os Espíritos encarnados

Nós, a humanidade encarnada em geral, podemos nos dividir em níveis. Gurdjeiff utiliza números para classificar os níveis dos homens.

Eu preferi como já expliquei anteriormente, usar adjetivos, porque eu me relaciono melhor com as ciências humanas.

Pedro Ouspensky foi matemático, químico, e filosofo e psicólogo, e especialista em outras tantas ciências. Então a linguagem numérica para ele é simples.

Homem comum

Na primeira classe do homem comum, está a categoria do homem físico sensual.

[64] FRANCO. D. P. Joanna de Ângelis. FILHO DE DEUS, cap. 5. Ed. LEAL

O homem físico sensual vive sob a prevalência do cérebro instintivo ou cérebro motor, ou de ambos, sobre os demais.

Na segunda classe do homem comum, está a categoria do homem físico intelectual.

O homem físico intelectual vive sob a prevalência do cérebro intelectual.

Todos os homens na vida comum pertencem a uma dessas duas classificações: homem físico sensual ou homem físico intelectual.

Para atingir categorias superiores somente passando por Escolas. Lembrando que a melhor Escola é o **Amor do Cristo.**

Esse homem comum se expressará sempre de forma primitiva e grosseira nos vários seguimentos da cultura humana, tais a religião, a filosofia, a arte e a ciência.

A religião, por exemplo, nesse homem comum físico e sensual, compreenderá todas as formas de fetiches, seja qual for o nome que se lhe dê.

É a religião das imagens, dos símbolos, do culto exterior.

Pode ser também, uma religião de falsa emoção, de sensações, que às vezes chega ao fanatismo, até às formas mais brutais da intolerância, à perseguição dos hereges, e assim por diante.

A religião no homem comum físico intelectual será religião teórica, escolástica, cheia de argúcias sobre as palavras, as formas.

Os rituais assumem mais importância que qualquer coisa.

Não há silogismos sérios. Existem sofismas pretensiosos. Esse religioso se considera maior que o próprio objeto da religião.

Homem de escola

O homem de escola não nasceu assim.

Ele é resultado de uma cultura de escola.

Difere dos homens comuns pelo conhecimento que já elaborou de si mesmo, pela compreensão da sua própria situação e pelo fato de que, para ele, a ideia do seu próprio desenvolvimento se tornou mais importante que todos os seus outros interesses.

Para o **homem de escola** a ideia de adquirir a unicidade, consciência, permanência, e a vontade, se tornou constante, natural e espontânea.

No homem de escola as funções e os cérebros estão mais bem equilibrados e harmônicos.

Entretanto ele não teria atingido esse nível sem antes de haver trabalhado sobre si mesmo segundo princípios e métodos de uma **Escola**.

Homem transição superior

Esse homem é consciente de si. Adquiriu a unidade e a consciência de si.

É diferente do homem comum, pois já trabalha nele um dos cérebros superiores.

Este homem possui numerosas funções e poderes que o homem comum não possui e o homem escola ainda não estabilizou.

Homem superior

É o homem objetivo. Já adquiriu *consciência objetiva*.

Outro cérebro superior trabalha nele.

Possui um número muito maior de faculdades e poderes novos, que estão muito além do entendimento do homem comum e dos níveis anteriores.

Homem puro

É o homem livre.

É um homem que alcançou tudo que um homem pode alcançar.

Tem o **eu permanente** e a **vontade livre**.

Pode controlar, em si mesmo, todos os estados de consciência e doravante não poderá perder absolutamente nada do que adquiriu.

É o homem que **conhece o amor em sua essência**.

O medo não existe para ele.

É imortal no sentido de que não precisa mais nascer na carne.

Esse homem alcançou a dimensão da **piedade.** Possui em si mesmo Deus substanciado, concreto.

O Espírito *Miguel* escreve lindamente:*"A piedade é a virtude que mais vos aproxima dos anjos; é a irmã da caridade, que vos conduz a Deus. Ah! deixai que o vosso coração se enterneça ante o espetáculo das misérias e dos sofrimentos dos vossos semelhantes. Vossas lágrimas são um bálsamo que lhes derramais nas feridas (...)"* [65]

---

[65] O Evangelho Segundo o Espiritismo. Allan Kardec. Editora FEB. Cap. XIII, 17

O corpo humano

O corpo é uma veste
Na longa jornada.
A fim de que alma,
Na matéria pesada
Divida a cama,
A mesa e o pão
Com os pares dos crimes
Os chamando irmãos.
Ao ser que dormita
Nos porões sempre frios
Onde cumpre sentença
De sombrios desvarios,
A existência é o momento
Do refazimento,
Romper os grilhões!
Transformando as algemas
Das antigas prisões
Em suor de trabalho,
Em culpas remidas
Dando à mente sofrida,
A ventura da paz...

A candeia do corpo são os olhos; de sorte que, se os teus olhos forem bons, todo o teu corpo terá luz;[66]

Os cérebros das funções do corpo

O corpo humano é gerenciado por funções compostas de energias próprias. Cada uma dessas funções é comandada por um cérebro ou um centro de gravidade.

A denominação **cérebro** foi escolhida por antigos estudiosos do assunto que eu já venho citando ao longo deste trabalho.

Cada um desses cérebros possui a habilidade própria para receber a espécie de impressões que lhe diga respeito e para responder a elas de maneira desejada.

Segundo Pedro Ouspensky, quando os cérebros trabalham corretamente, é possível calcular o trabalho do corpo. Muitos incidentes e reações que se produzirão no cérebro podem ser previstos e assim estudados, corrigidos e até dirigidos.

Os cérebros e sua localização no corpo

[66] Bíblia Sagrada. Mateus, 6:22

Cada Cérebro ocupa o corpo inteiro e penetra o organismo inteiro. A região de localização dele é o "centro de gravidade" de cada Cérebro

Assim, o Cérebro Intelectual tem seu *centro de gravidade* localizado na cabeça no *plexo cerebral.*

Cérebro Sensorial tem seu *centro de gravidade* localizado no tórax no *plexo solar ou gástrico.*

O Cérebro Motor e o Cérebro Instintivo têm seus *centros de gravidade* localizados no *tronco e costas na medula espinhal.*

Entretanto essas afirmativas não são verificáveis. Não ainda.

A ciência moderna, mesmo no plano anatômico ignora as numerosas propriedades que cada cérebro possui.

No atual estágio do conhecimento humano os cérebros das funções nos são inacessíveis.

O estudo de cada cérebro somente é possível pela **observação das suas funções.**

Esse é um método usual em todas as ciências das quais não seja possível alcançar os fatos, objetos ou materiais de estudo.

Os resultados ou os vestígios que deixam após si, é o ponto zero das observações.

É como se procede na química, física, astronomia, fisiologia. Voltaremos a este assunto mais à frente.

Os cérebros podem fazer o trabalho uns dos outros

Os cérebros rarissimamente trabalham como deveriam mesmo num homem considerado normal e são.

Eles podem até certo ponto, substituir-se mutuamente.

Com isso a natureza objetiva assegurar a continuidade do funcionamento dos cérebros e criar uma salvaguarda contra possíveis interrupções do trabalho da máquina orgânica, porquanto em certos casos uma interrupção poderia ser fatal.

Os cérebros assumem outras funções desnecessariamente

Nossa máquina orgânica é indisciplinada a tal ponto que a capacidade dos cérebros de trabalhar uns pelos outros se torna a regra e cada um deles raramente faz seu próprio trabalho tão ocupado se acha cumprindo a função do outro.

Quase a cada minuto, um ou outro cérebro abandona seu próprio trabalho e procura fazer outro, o qual, por sua vez, procura fazer o de um terceiro.

O desafio maior é que apesar de possuírem a capacidade de substituir um ao outro não o fazem completamente nem com a mesma eficácia.

Em verdade os cérebros imitam o trabalho uns dos outros.

Assim, o **cérebro motor** pode dentro de certos limites, imitar o trabalho do **cérebro intelectual**, mas só produzirá pensamentos vagos, desconexos, como nos sonhos e devaneios.

Por sua vez, o **cérebro intelectual** pode trabalhar em lugar do **cérebro motor,** entretanto será ineficiente. Vejamos por exemplo, escrever pensando em cada uma das letras e como formá-las.

Você pode tentar experiências semelhantes, tratando de servir-se do pensamento para fazer qualquer coisa que as mãos ou as pernas possam realizar sem ajuda dele.

Tente, por exemplo, descer uma escada observando cada movimento, ou executar um trabalho manual que lhe seja familiar calculando e preparando cada pequeno gesto.

Verá logo quão mais difícil se torna o trabalho e até que ponto o **cérebro intelectual** é mais lento e mais desajeitado que o **cérebro motor** para realizar essas funções.

Quando se aprende um novo tipo de movimento (tocar um instrumento musical, por exemplo) durante algum tempo, os movimentos dependerão do **cérebro intelectual** e só mais tarde passarão ao **cérebro motor**.

É sempre grande o alívio que se experimenta quando os movimentos já se tornaram automáticos, quando os ajustes foram feitos e quando não há mais necessidade de "pensar" nem calcular incessantemente cada movimento.

Isso significa que os movimentos passaram para o **cérebro motor**, ao qual normalmente pertencem.

O **cérebro instintivo** pode trabalhar pelo **cérebro sensorial** e este pode, ocasionalmente, trabalhar por todos os outros cérebros.

Em certos casos o **cérebro intelectual** pode trabalhar em lugar do **cérebro instintivo**, embora só possa fazer partes reduzidas desse trabalho: as que se relacionem com os movimentos visíveis, os movimentos do tórax durante a respiração, por exemplo.

É muito perigoso intervir nas funções normais do **cérebro instintivo**.

É o caso da **respiração dos iogues** ou respiração artificial que só deve ser empreendida sob a vigilância de um mestre competente e experimentado.

O trabalho incorreto dos cérebros

O trabalho incorreto dos cérebros preenche toda a nossa vida. Impressões esmaecidas, vagas. Falta de impressões. Lentidão de compreensão. Identificação. Consideração. Falsas ideias.

Infelizmente não conseguimos ver todo o mal que nos faz o trabalho incorreto dos cérebros, toda a energia que nos consome sem necessidade, todas as dificuldades que nos cria.

Temos a ilusão de possuir unidade e essa é a causa de não percebermos o trabalho incorreto dos cérebros.

Quando compreendemos quanto estamos divididos dentro de nós mesmos nos damos conta do perigo que representa o fato de uma parte trabalhar em lugar da outra sem que percebamos.

O autoconhecimento inicia pelo reconhecimento das imperfeições

Existem imperfeições comuns a todos os humanos.

Em particular cada um de nós tem os próprios defeitos e eles devem ser estudados em momento oportuno.

Para compreender os defeitos ou imperfeições precisamos atentar para a capacidade de desenvolvimento do veículo físico.

Primeiramente aceitar que o corpo humano trabalha aquém do seu nível normal. Sempre há significativa capacidade ociosa e nem todas as suas partes funcionam.

Em seguida compreender que apesar de incontáveis obstáculos, o corpo humano é capaz de se desenvolver e criar para si mesmo níveis muito diferentes de receptividade e de ação concedendo enormes possibilidades ao Espírito que se manifesta por ele.

(...) Indagai da própria consciência se permaneceis com Jesus. E aguardai o futuro, amando e realizando com o bem, convicto de que a esperança legítima não é repouso e, sim, confiança no trabalho incessante. [67]

Autoconhecimento; condições e circunstâncias o submetem

O homem renasce no meio que lhe confere as condições e as circunstâncias que definirão o processo de autoconhecimento.

Nem sempre é possível existencialmente conhecer a si mesmo nem mesmo minimamente. Não podemos nos enganar a respeito disso.

O meio favorável em que tenha renascido o Espírito lhe impõe também a responsabilidade de reconhecer a oportunidade e aproveitá-la. Não se sabe quando teremos as possibilidades de agora. Nem se as teremos algum dia.

[67] XAVIER. F. C. Emmanuel. CAMINHO VERDADE E VIDA, cap. 123. Ed. FEB

Se você está lendo estes estudos, certamente possui muitas condições que te favorecem iniciar o processo de autoconhecimento.

Não perca tempo.

Apesar de o tempo ser uma ilusão em essência, existencialmente ele é uma realidade para nós humanos.

Não vamos usá-lo em extroversões inúteis. A hora vazia, as pausas desnecessárias são fatores de distração que precisamos definitivamente excluir da nossa rotina.

Então, a **primeira** condição é a compreensão da própria situação, as dificuldades e as possibilidades disponíveis.

A **segunda** e extremamente definidora condição é possuir desejo real, vontade vigorosa de sair do estado de ignorância presente ou mesmo possuir viva atração pelo futuro, interesse eficaz pelo estado desconhecido que a mudança pode fazer.

Essas duas condições dependem somente do próprio homem.

Mas a **terceira** condição está subordinada à lei das responsabilidades individuais.

O homem pode estar prisioneiro de compromissos inadiáveis gerados por ele mesmo em tempos anteriores.

Antes de solucionar os problemas que voluntariamente criou para si mesmo, e executar o programa definido para a existência atual o homem não pode iniciar nada.

Em o Evangelho Segundo o Espiritismo nossa atenção é chamada para as causas das aflições que são anteriores a esta existência e que o impedirão de prosseguir até que se tenha liberado delas.[68]

---

[68] Capítulo V, 4 e 5

Outros tormentos existem, entretanto, que são voluntários; suas causas são atuais. As aflições que passamos e que são o resultado da nossa imprudência e invigilância nos atos do dia a dia.

Então, as circunstâncias, podem não ser as adequadas pelas razões que dissemos.

O homem precisa encontrar boas condições **fora dele** tais como tempo para estudar e viver num ambiente que torne esse estudo possível.

E finalmente, a **quarta** condição que irá viabilizar o empreendimento das anteriores: **o desenvolvimento possível é realizado num trabalho de escola.**

O homem precisa encontrar uma **escola.**

Sem a escola não há desenvolvimento.

O Espírito Emmanuel faz uma referência ao Cristianismo Primitivo, a melhor escola de evolução que podemos encontrar:[69]

"(...) Dificilmente, à distância dos séculos, poderá alguém perceber, com exatidão, a sublimidade do Cristianismo primitivo.

Experimentados pela dor, amavam-se os irmãos na fé, segundo os padrões do Senhor.

Em toda a parte, a organização evangélica orava para servir e dar, em vez de orar para ser servida e receber (...)"

---

[69] Ave Cristo. Emmanuel. Francisco Cândido Xavier. Editora FEB.

Amados, guardai-vos dos cuidados do Mundo.
Viestes para a implantação do Reino do Pai na Terra!
A Igreja vai além dos limites das pedras.

****

Amados, O tempo é uma ilusão.

Passado e presente se confundem na senda do Senhor!

[70]

---

[70] Espírito Bernard de Chermont

A Terra deve ser considerada escola de fraternidade para o aperfeiçoamento e regeneração dos Espíritos encarnados (...) O meio ambiente em que a alma renasceu, muitas vezes constitui a prova expiatória; com poderosas influências sobre a personalidade (...)[71]

Escola; encontrar e reconhecer

Durante a existência corporal, o homem é influenciado vigorosamente por forças condicionantes que podem facilitar ou restringir a ponto de até inviabilizar o processo de autoconhecimento.

Dividimos essas influências em duas categorias de forças basicamente.

A primeira categoria de forças é a influência direta da matéria criada pela própria necessidade da sobrevivência.

Nessa categoria estão os interesses pela saúde, segurança, conforto, fortuna, prazeres, reputação, distração.

---

[71] XAVIER. F. C. Emmanuel. O CONSOLADOR, Q. 347 e 121. Ed. FEB

Essas forças fazem parte do universo da consideração e da identificação que podemos resumir em duas palavras: orgulho e egoísmo.

O orgulho e o egoísmo em si mesmos são forças neutras que a vida utiliza na fase da luta pela sobrevivência.

O orgulho representando a força potencial de subjugação dos iguais na fase embrionária do Espírito, ou seja, **o poder** sobre a tribo da qual faz parte, a influência que exerce e que lhe permite sobreviver mais e melhor que outros.

O egoísmo representando a energia que permite a acumulação de ativos importantes para sobreviver mais e melhor que os outros.

Essas duas potências se parecem, mas não são iguais.

Andam sempre de mãos dadas, realizaram papel fundamental no Espírito primitivo e asselvajado.

Transitar essas forças em si mesmas neutras ao patamar da positividade é tarefa inadiável.

Então vamos chamar essas duas influências da matéria de **materiais.**

A segunda força reúne as influências que têm origem nas **escolas** e nas **pessoas de bem.**

As pessoas de bem são os humanos que já atingiram certo grau de maturidade do senso moral.

As influências que compõem a segunda força, não atingem o homem diretamente.

Elas estão dispersas no turbilhão geral da Vida e têm origem nas **escolas.**

Elas decorrem da fase em que o homem descobriu que era necessário produzir e compartilhar o conhecimento.

Têm origem nas primitivas redes de comunicação, com a utilização do cavalo como meio de transporte.

Acho que é mais ou menos isso.

São as influências da **filosofia, ciência, religião e da arte.**

Denominaremos essas influências do ambiente de **ambientais**

As influências materiais sempre acabam mesclando as influências ambientais que pode perder qualquer semelhança com o que eram no começo.

Embora o homem ignore a existência dessas duas espécies de forças que o influenciam, ambas se exercem sobre ele e de uma maneira ou de outra ele reage a elas.

Se o homem estiver em poder das influências materiais ou de uma das influências materiais, e se estiver indiferente às influências ambientais, nada mudará para ele.

As suas possibilidades de mudança e desenvolvimento diminuirão de ano para ano, chegando a desaparecer por completo, às vezes muito cedo.

Falamos aqui das possibilidades existenciais e não essenciais já que a lei do progresso nos alcançará a todos mais cedo ou mais tarde, com mais ou menos sofrimento.

O Espírito Lázaro faz uma advertência para as almas voluntariamente rebeldes e preguiçosas:

Submetei-vos à impulsão que vimos dar aos vossos espíritos; obedecei à grande lei do progresso que a palavra da vossa geração.

Ai do espírito preguiçoso, ai daquele que cerra o seu entendimento!

Ai dele!

Porquanto nós, que somos os guias da Humanidade em marcha, lhe aplicaremos o látego e lhe submeteremos à vontade rebelde, por meio da dupla ação do freio e da espora.

Toda resistência orgulhosa terá de, cedo ou tarde, ser vencida. Bem-aventurados, no entanto, os que são brandos, pois prestarão dócil ouvidos aos ensinos. – Lázaro.[72]

Existencialmente então o homem preguiçoso e rebelde **morre** embora permaneça fisicamente vivo.

Torna-se uma semente sem condições de germinar e de produzir uma planta, ocupando espaço e gastando energia do universo da qual haverá de prestar contas.

Se o homem estiver apenas parcialmente em poder das influências materiais

Se algumas influências do ambiente o atraírem, o fizerem pensar, o comoverem, os resultados das impressões que elas produzirem vão se aglomerando nele.

A lei da solidariedade universal fará com que outras influências da mesma espécie sejam atraídas.

Elas se juntarão, crescerão e ocuparão um lugar cada vez mais importante em seu espírito e em sua vida.

Jesus, na Parábola do Semeador

Nessa parábola Jesus fala sobre esses diferentes graus de influência e referindo-se ao solo está enfocando o grau evolutivo do espírito e suas possibilidades de ser influenciado.

Interessante que parece ser essa a única parábola que Jesus explicou.

---

[72] O Evangelho Segundo o Espiritismo. Cap. IX, 8

Vórtice magnético

Quando os resultados das influências ambientais tiverem adquirido bastante força se fundirão num movimento giratório forte o suficiente para criar o que eu vou denominar de **vórtice magnético** que se agrega e passa a integrar a personalidade.

Pedro Ouspensky chama essa junção de forças de **centro magnético**, mas eu prefiro a palavra vórtice até para não confundir com outros centros.

O **vórtice magnético** se compõe de um grupo de interesses que a depender da sua potência servirão, até certo ponto, como fator de orientação e controle.

O vórtice magnético significando precisamente o que desejamos da vida, nos conduz para determinada direção e sentido nos ajuda a nos mantermos e fixarmos.

O **vórtice magnético** não faz grande coisa por si mesmo.

O seu principal papel é ajudar o homem a tomar consciência da necessidade de uma **Escola** e a buscar. Depois ajuda a reconhecer a escola e finalmente, **tentar não perdê-la.**

É muito fácil perder uma Escola; muito, muito fácil.

Possuir um vórtice magnético é a primeira exigência, não formulada, de uma **Escola.**

Se o homem for privado de vórtice magnético, se tiver um que seja insignificante, e se tiver vários contraditórios, isto é, se estiver simultaneamente interessado em coisas incompatíveis, no momento que encontrar uma Escola provavelmente não se interessará por ela.

Caso se interesse, criticá-la-á antes mesmo de conhecê-la suficientemente, ou ainda, seu interesse desaparecerá rapidamente diante das primeiras dificuldades do trabalho de Escola.

Importante ressaltar que essas são as principais salvaguardas de uma Escola.

De outra maneira a Escola estaria em pouco tempo atravancada de pessoas não qualificadas que fariam desviar o ensinamento. Ouspensky enfatiza isso.

Um **vórtice magnético** verdadeiro ajuda não só a reconhecer uma Escola como também a *assimilar* o ensinamento da Escola.

Esse vórtice tem a qualidade das nossas escolhas enquanto ambiente, amizades, leituras.

A vontade é o elemento que inicia o processo de construção do vórtice magnético.

Posteriormente o vórtice magnético atrairá as pessoas os ambientes, as leituras... etc.

O ensinamento da Escola

O ensinamento da Escola é diferente das influências materiais e das ambientais.

Podemos chamar de **influência dos Homens de Bem.**

Quando o homem encontra a **influência dos Homens de Bem,** e se mostra capaz de assimilá-la, em certo ponto de si mesmo, em seu **vórtice magnético** ele está libertado da **Lei do acidente**.

O **vórtice magnético** neste momento desempenhou o seu papel.

Conduziu o homem a uma Escola e o ajudou a dar os primeiros passos nela. Daí por diante, as ideias, os ensinamentos da Escola ocupam o lugar do **vórtice magnético** e começam a penetrar lentamente nas diferentes partes da personalidade e, depois, com o tempo, até a essência.

Algo sutil se movimenta nas suas entranhas. A alquimia do corpo se modifica.

Um trabalho de Escola atinge até mesmo a essência do homem, ampliando suas capacidades.

A influência dos **Homens de Bem** ou da Escola, só pode ser transmitida pela palavra, por ensinamento direto, por explicação e demonstração.

O trabalho de Escola como já vimos, para ser completo precisa ser realizado simultaneamente em três linhas.

E **Jesus** é o exemplo do Homem de Bem, da melhor influência que passou pela Terra, o Guia e o Modelo da Humanidade.

Uma **Escola chamada Amor,** guiada pela pedagogia da compaixão e da misericórdia.

Sobre a educação em uma Escola de Compaixão e a Misericórdia:[73]

(...) Não basta se diga ao homem que lhe corre o dever de trabalhar.

É preciso que aquele que tem de prover à sua existência por meio do trabalho encontre em que se ocupar, o que nem sempre acontece.

Quando se generaliza, a suspensão do trabalho assume as proporções de um flagelo, qual a miséria.

---

[73] O Livro dos Espíritos. Allan Kardec. Editora FEB. Questão 685, comentário de Kardec.

A ciência econômica procura remédio para isso no equilíbrio entre a produção e o consumo.

Esse equilíbrio, porém, dado seja possível estabelecer-se, sofrerá sempre intermitências, durante as quais não deixa o trabalhador de ter que viver.

Há um elemento, que se não costuma fazer pesar na balança e sem o qual a ciência econômica não passa de simples teoria.

Esse elemento é a educação, não a educação intelectual, mas a educação moral.

Não nos referimos, porém, à educação moral pelos livros e sim à que consiste na arte de formar os caracteres, à que incute hábitos, porquanto a educação é o conjunto dos hábitos adquiridos.

Considerando-se a aluvião de indivíduos que todos os dias são lançados na torrente da população, sem princípios, sem freio e entregues a seus próprios instintos, serão de espantar as consequências desastrosas que daí decorrem?

Quando essa arte for conhecida, compreendida e praticada, o homem terá no mundo hábitos de ordem e de previdência para consigo mesmo e para com os seus, de respeito a tudo o que é respeitável, hábitos que lhe permitirão atravessar menos penosamente os maus dias inevitáveis.

A desordem e a imprevidência são duas chagas que só uma educação bem entendida pode curar.

Esse o ponto de partida, o elemento real do bem-estar, o penhor da segurança de todos.

O trabalho de Escola

A educação de si mesmo, o desenvolvimento das habilidades necessárias para o autoconhecimento exige um longo trabalho de Escola.

Voltemos aos Cérebros para compreender melhor essa questão:

Quando falamos de aprender, compreensão da cultura, entendimento da moral, da ética vigente estamos principalmente nos referindo à memória.

A memória individual e a memória coletiva que o conhecimento compartilhado permitiu a preservação.

A memória e os cérebros das funções fisiológicas estão presentes no processo do aprendizado.

Todos os acontecimentos da nossa vida, interiores ou exteriores, deixam impressões na matéria sensível em cada cérebro específico.

É realmente uma impressão; uma pegada se assim podemos nos expressar.

Essa impressão pode ser profunda, superficial, fugaz ou mesmo não deixar nenhum vestígio.

E por incrível que possa parecer, as impressões na matéria fotográfica dos cérebros é tudo o que possuímos. Nesse material fotográfico está a totalidade do que conhecemos e vivenciamos.

Os nossos processos de pensamento, os cálculos que fazemos, as especulações significam apenas as comparações das inscrições existentes nesse material, relê-las ainda e sempre e tentar relacioná-las para compreendê-las, e, assim por diante.

Nada pode ser pensado se não estiver escrito ou inscrito em nosso material fotográfico.

Ninguém inventa um pensamento novo, nem um novo animal uma vez que todas as ideias de animais se baseiam nas observações de animais já existentes.

Uma pessoa que nasceu em 1800, por exemplo, jamais sonhou com uma viagem de avião como o conhecemos atualmente em seus detalhes.

Mesmo Leonardo Da Vinci, que fazia conexões impressionantes e as projetava no tempo, jamais sonhou com uma viagem de avião como nós que já viajamos sonhamos.

Certa vez conversei com uma pessoa que aos trinta anos de idade na época, jamais saíra da sua cidade no interior de Rondônia, chamada Ariquemes. Ela disse que nunca havia viajado nem mesmo até Porto Velho que está distante de Ariquemes apenas duzentos quilômetros. Então fiquei imaginando tanta coisa...

Já li algo a respeito de que os índios que viviam no Brasil na época do descobrimento não "viram" as Caravelas quando elas estavam a certa distância.

Elas seriam invisíveis a eles porque não tinham em seus cérebros nada que lhes pudesse servir de referência.

Então simplesmente não as viram.

Há muita coisa que não enxergamos porque não temos registro delas em nosso cérebro; mesmo assim estão bem do nosso lado.

Essas inscrições ou impressões se relacionam entre si pelo processo que chamamos de associações.

As impressões que são recebidas simultaneamente ou que têm entre si alguma similitude são relacionadas pelo processo de associação.

As impressões alimentam o programa de associação que existe nos cérebros.

Como um computador, ou mais ou menos assim.

A capacidade de realizar associações depende do número e da precisão das impressões e da própria capacidade dos cérebros das funções de cada indivíduo.

As impressões são os dados a serem relacionados, e os cérebros o ambiente que os recebe. Então vamos associar: um computador, o programa que é inserido nele e os dados.

Como as nossas máquinas pessoais, que possuem capacidade de armazenagem, memórias, aplicativos, e que tais, mais ou menos assim funcionam nossos quatro cérebros.

As impressões compõem a memória.

E... a **memória depende da consciência.**

Só temos memória efetiva dos momentos em que tenha ocorrido pelo menos algum vislumbre de consciência.

Sendo assim, as impressões diferentes, recebidas simultaneamente, e, ligadas entre si, permanecerão por mais tempo na memória; as impressões desconexas menos tempo.

No clarão de *consciência de si*, ou mesmo à sua aproximação, todas as impressões do momento encontram-se ligadas e permanecem ligadas na memória. O mesmo acontece com impressões que apresentam uma similitude interior.

Se o homem for mais consciente no momento que receber as impressões, ele estabelecerá melhor ligação entre as impressões antigas que se lhe assemelham, e elas permanecerão associadas na memória.

No estado de identificação as impressões recebidas não serão notadas e os vestígios delas desaparecerão antes mesmo de terem sido examinadas ou associadas. Nesse estado o homem não vê nem ouve; permanece imerso nos seus agravos, nos seus desejos ou na sua imaginação.

O homem nesse caso fica apartado do resto do mundo e não se separa dos sentimentos e lembranças que a identificação ou a imaginação trazem para ele.

A Escola o ajuda a se manter consciente por mais tempo. Caso entre no **sono** é logo despertado pelas atividades da **Escola**.

Por isso o desenvolvimento sem um trabalho de Escola é muito lento. Uma vida sem Escola possibilita que se avance um ou dois passos, e às vezes nem mesmo isso.

Em especial quando trabalhamos **para a Escola** temos maiores momentos de consciência. E por isso é tão importante compreender os benefícios que uma Escola nos traz, e, encontrando-a não a perder.

Na Escola temos a oportunidade de receber a *semente do Semeador* num ambiente que a permita germinar e dar frutos, até de cem por um.

Alguém musicou essa parábola. Ficou linda... Vou transcrever a parábola. E depois a letra da música.

Aquele que semeia saiu a semear; e, semeando, uma parte da semente caiu ao longo do caminho e os pássaros do céu vieram e comeram.

Outra parte caiu em lugares pedregosos onde não havia terra; as sementes logo brotaram, porque carecia de profundidade a terra onde haviam caído. Mas, levantando-se, o Sol as queimou e, como não tinham raízes, secaram.

Outra parte caiu entre espinheiros e estes, crescendo, as abafaram.

Outra, finalmente, caiu em terra boa e produziu frutos dando algumas sementes cem por uma, outras, sessenta e outras trinta. Ouça quem tiver ouvidos de ouvir.[74]

---

[74] Bíblia Sagrada. Mateus, 13: 1 a 9

O SEMEADOR[75]

Um dia um Semeador saiu a semear (bis)

E parte das sementes no caminho se espalhou

As aves as comeram e nada aproveitou

Caíram mais algumas em pedregoso chão

Por falta de raízes morreram logo em vão

Caiu a outra parte no espinheiro e se secou

Ficando sufocada nenhuma germinou

Porém em terra fértil, a outra vem cair

E até de cem por uma consegue produzir

Assim também o homem é seara do Senhor

Conforme a nossa Alma assim produz o Amor!

******

Amados, São chegados os tempos![76]

Não temais.

Os Espíritos do Senhor permanecem ao lado dos que escolheram o Bem.

---

[75] Autor desconhecido.

[76] Espírito Bernard de Chermond

Conhece bem pouco os homens quem imagine que uma causa qualquer os possa transformar como que por encanto. As ideias só pouco a pouco se modificam, conforme os indivíduos, e preciso é que algumas gerações passem, para que apaguem totalmente os vestígios dos velhos hábitos.[77]
(...)

Os cérebros; como estudá-los

O estudo dos cérebros em si mesmos não é possível neste atual estágio da ciência.

Entretanto podemos estudar as suas funções e assim conhecer um pouco do que eles representam em nossa vida e das possiblidades de evolução que temos nesta existência.

O que se estabeleça a respeito das funções poderá se aplicar aos cérebros.

Os cérebros possuem pontos em comum e, ao mesmo tempo, características particulares e relevantes.

---

[77] O Livro dos Espíritos. Allan Kardec. Editora FEB. Questão 800.

A velocidade das funções de cada cérebro é diferente. Elas funcionam em dimensões de tempo diferentes.

O **cérebro intelectual** é o mais lento de todos; **os cérebros instintivos e motor** possuem velocidade média; e finalmente o **cérebro sensorial,** é o mais rápido; lembrando que em quase cem por cento das vezes **nos referimos a sensações como se fossem emoções.**

Mas adianto que existe sim o verdadeiro cérebro emocional, mas ele não pertence ao corpo.

Didaticamente nos referimos a ele como se fizesse parte do corpo; mas não faz.

O que pertence ao corpo é o cérebro sensorial que seria uma espécie de reflexo do cérebro emocional que está sediado na dimensão espiritual superior.

Sobre essa diferença nas velocidades dos cérebros vamos fazer a observação entre os **processos mentais** e os **processos motores.**

Observar todos os movimentos ao dirigir um carro num trânsito congestionado é impossível. Como também é impossível fazer qualquer trabalho que exija um pronto julgamento e reflexos instantâneos, observando-o inteiramente.

Se tentarmos observar usando processos mentais do cérebro intelectual precisaremos diminuir a velocidade, ou então deixar escapar a maior parte das observações; observar movimentos próprios do cérebro motor pode causar acidentes.

Há uma relação estabelecida entre os cérebros pela qual aparece o número 30.000. É um número que tem sentido cósmico porque entra em numerosos processos cósmicos.

Existe uma medida em astronomia, por exemplo, denominada *parsec*.

Os astrônomos geralmente falam sobre as distâncias no universo em parsecs, e não em anos-luz.

Um parsec tem 30 trilhões de quilômetros, ou pouco mais de três anos-luz.

O número 30 é interessante.

Os que nos antecederam nesses estudos pegaram por base o número o número 1 – um - para as funções do cérebro intelectual sendo ele a referência para os outros. O número 30.000 – trinta mil - é a base das funções dos cérebros motor e instintivo. O número 900.000.000 – novecentos milhões é a base para as funções do cérebro sensorial.

As funções dos cérebros motor e instintivo são trinta mil vezes mais rápidas que as do cérebro intelectual; e o cérebro sensorial é novecentos milhões de vezes mais rápidas que o cérebro intelectual e trinta mil vezes mais rápidas que os cérebros motor e instintivo.

O que acontece em realidade, é que cada cérebro trabalha numa dimensão de tempo diferente, o que dá a impressão de um ser mais rápido que o outro na apresentação do resultado.

O cérebro sensorial possui um tempo mais longo que os outros porque a dimensão na qual ele trabalha possui medida de tempo diferente ou mais longa.

Significa que, para cada trabalho, cada atividade, um **cérebro** dispõe de certo tempo a mais que ou outro justamente por trabalhar em outra dimensão.

Utilizando as proporções dos cérebros: 1 para 30.000. Podemos considerar 8 horas para 1 segundo.

É a mesma proporção.

O tempo ordinário é o da dimensão do cérebro intelectual, e é o que ordinariamente conhecemos.

Nesse raciocínio, um segundo do tempo motor ou instintivo equivale a oito horas do tempo intelectual.

Um segundo do tempo emocional equivale a 243.400 horas do tempo intelectual.

São três dimensões de tempo.

A sensação de sede é saciada pela ingestão de um copo de água.

Em 1 segundo o organismo produzirá efeitos incontáveis.

A substância é analisada, submete-se a diversas provas, é aceita ou rejeitada.

Acionamos todo um laboratório antes que se produza a sensação de sede saciada.

Os fisiologistas sabem disso.

É um trabalho enorme que se executa em um segundo.

Mas esse um segundo de tempo do cérebro intelectual que é o nosso cérebro de referência, na dimensão do cérebro instintivo e motor, equivale a **oito horas.**

Então o trabalho em realidade é feito em oito horas; a execução desse trabalho em oito horas poderia ser feita sem pressa, em qualquer laboratório.

Vamos imprimir em nossa memória:

Os Cérebros não são mais rápidos uns que os outros. Apenas trabalham em dimensões de tempos diferentes.

Trabalham num outro universo que para nós é quase impossível compreender.

As sensações se expandem num universo próprio, cujo tempo é extremamente mais longo se comparado à dimensão do cérebro intelectual.

Quando a pessoa enamorada vê o objeto da sua paixão, não poderá de forma alguma controlar o que sente tão rápido isso se dá.

Lembrando que a paixão é uma sensação... e não uma emoção. Lembrando também que segundo estudos a paixão tem uma relação com a bioquímica do corpo, com nossa alquimia ou algo assim, e que ela gasta o seu combustível no tempo máximo de **quatro anos**. Isso quando dura muito.

Então: quatro anos em nossas relações apaixonadas para buscar outra espécie de **alquimia...**

Dizem que é importante aos companheiros de qualquer jornada, antes de olharem um para o outro, que olhem na mesma direção e sentido.

Voltando à questão central.

O problema é que consideramos o cérebro intelectual como o único existente e o determinamos como padrão para todas as medidas.

Por essa razão, o Espírito de Verdade orienta:

"Espíritas! amai-vos, este o primeiro ensinamento; instruí-vos, este o segundo."[78]

---

[78] O Evangelho Segundo o Espiritismo. Allan Kardec. Editora FEB. Cap. VI, 5.

A impressão que tenho é a de que o Espírito de Verdade nos está convocando a realizar os esforços necessários para acessar o nosso centro emocional, e, em seguida o fortalecimento do raciocínio, pela filosofia que nos ensina a pensar.

Jesus está se referindo à instrução e não à educação que está situada em outra dimensão.

A instrução é o acesso ao conhecimento que deve ser incorporado na experiência existencial nesta dimensão física, para o entendimento da verdade, ainda que relativa.

Tanto assim é que O Espírito de Verdade continua neste mesmo item:

"No Cristianismo encontram-se todas as verdades; são de origem humana os erros que nele se enraizaram. Eis que do além-túmulo, que julgáveis o nada, vozes vos clamam: "Irmãos! Nada perece. Jesus-Cristo é o vencedor do mal, sede os vencedores da impiedade."

Contigo

Esse amor que chegou de mansinho
De perfume e de flores cobriu meu caminho
Cariciou meu andar estendendo seu manto
Qual nascente serena e cheia de encanto
Esse amor é um sopro de Deus
Que me deu teu olhar e a ti deu os olhos meus
Lá... no início de tudo... de você... e de mim
Lá no eterno do tempo, lá no espaço sem fim
Esse amor, de gotas de luz
Esprai generoso em rio caudaloso
Que fecunda aonde vai
As sementes Divinas que a todos ensina
O que quer nosso Pai....
Oh! ... insensatos nós dois... esquecemos de tudo
Hoje réus condenados a viver separados
E no abismo cruel, há uma ponte de espinhos
...E uma taça de fel
Oh! Meu amor, meu doce amado
Curadas feridas, remido o pecado, eu espero o dia
De servir ao teu lado... de dormir no teu colo...
E contigo voltar, em suave alegria
À casa do Nosso Pai...

Seja porém, o vosso falar: Sim, sim; Não, não. O mais procede do maligno.[79]

Os cérebros; como representa-los

Podemos representá-los por uma esfera dividida em duas partes. Uma parte positiva que representa a afirmação: **sim;** e uma parte negativa que representa a negação: **não.**

As divisões não são claras em todos os cérebros.

No **cérebro intelectual** todo o trabalho se divide em **afirmar** e **negar;** *sim* e **não.** A cada instante, em nosso pensamento uma das partes prevalece sobre a outra. Quando ambas as partes têm força igual, surge o que de pior nos pode acontecer: **a indecisão.**

A parte positiva e a parte negativa são úteis. Entretanto, o enfraquecimento de uma com relação à outra, acarreta perturbações mentais.

Por isso minha avó dizia: *"a dúvida é pior que a má escolha".*

[79] Bíblia Sagrada. Mateus, 5:37.

Imaginem vocês, eu que sou do signo de Libra. Escolher pode ser algo devastador às vezes para mim. Mas estou aprendendo a tomar decisões. Provavelmente seja essa uma das razões pelas quais eu renasci.

No **cérebro instintivo** a divisão também é muito clara. Ambas as partes são positivas para uma justa orientação na vida. Impressões positivas - ou agradáveis, mas que por si mesmas são indiferentes: paladar; olfato; tato; calor; frio. Impressões negativas ou desagradáveis: paladar; olfato; tato; calor; frio.

Ambas as impressões positivas ou negativas, nesse caso agradáveis ou desagradáveis têm origem na mesma função. Elas são um guia seguro de toda a vida animal na Terra. Quaisquer alterações nessas impressões acarretam desorientação, perigo de enfermidade e até morte.

No **cérebro motor** a divisão se resume a movimento: a parte positiva; e a repouso: a parte negativa. Elas não têm utilidade prática, mas devem obedecer a equilíbrio absoluto; qualquer alteração nessa balança causa inúmeros distúrbios.

No **cérebro sensorial,** a divisão parece simples e evidente à primeira vista. A divisão parece claramente disposta entre sensações agradáveis e desagradáveis, ou sensações positivas e sensações negativas.

As sensações positivas poderiam ser catalogadas como alegria, simpatia, afeição, confiança em si, e as emoções negativas, o aborrecimento, a irritação, ciúme, inveja, medo.

Tudo parece simples. No entanto, na realidade, são muito mais complexas porque e as nossas emoções verdadeira, como se dividem?

Porque para além do cérebro sensorial, existe sim o cérebro emocional. Como já nos referimos, o cérebro emocional está em outra dimensão: além do corpo físico.

Sempre que observarmos o negativo com aparência de emoção, são **sensações e pertencem à matéria.**

O cérebro emocional não possui parte negativa.

Na dimensão do cérebro emocional o negativo não existe.

O que comumente se chamadas emoções negativas, são as sensações conhecidas. E todas elas têm origem no corpo; são artificiais.

As sensações que temos entendido como sendo emoções, quando muito são meros reflexos, pequenos toques, do cérebro emocional no corpo.

As sensações negativas estão baseadas em sensações instintivas completamente estranhas ao cérebro emocional verdadeiro.

São aparentes emoções desnaturadas pela **imaginação, identificação** e pela **consideração.**

São os reflexos de mudanças que ocorrem nos órgãos internos e nos tecidos, mudanças anteriores às sensações e que são suas causas verdadeiras.

Os acontecimentos exteriores e os reflexos internos não provocam a emoção. Interpretamos as sensações como se fossem emoções. Estou frisando isso porque é muito importante.

O que denominamos emoções positivas como as compreendemos tais o "amor", "esperança", "fé" somente podem assim considerar-se desde que permanentes.

A impermanência do amor, da esperança e da fé, significa que elas não existiam e eram ilusões criadas pelos sentidos físicos.

No estado ordinário de consciência o homem não consegue acessar as emoções verdadeiras que são sempre positivas. Ele também não consegue se livrar do negativo em si – as sensações.

As sensações negativas somente existem por causa da identificação, da imaginação e da consideração, estou repetindo isso.

Como esses estados fazem parte da nossa vida, igualmente as emoções negativas.

Cada vez que a identificação é destruída a sensação negativa correspondente desaparece.

Isso vale para a imaginação e para a consideração.

Infelizmente as sensações negativas ocupam tanto espaço em nossa vida que, muitas pessoas são inteiramente controladas e finalmente arruinadas por elas.

É interessante que nos entreguemos com tanta facilidade e sem nenhuma reação às sensações negativas.

Elas não desempenham nenhum papel útil em nossas vidas.

São puramente mecânicas.

Estragam nosso prazer, fazem da nossa vida um fardo e opõem obstáculos muito reais ao nosso desenvolvimento possível.

Nada pode ser mais mecânico em nossa vida do que as sensações negativas.

Estranhamente as pessoas adoram as sensações negativas.

Para um homem comum, a coisa mais difícil de admitir é que nem as suas sensações negativas nem a dos outros têm o menor valor, não contém nada de nobre, nada de belo, nada de forte.

As sensações negativas são fraqueza no homem e, frequentemente o início da histeria, da loucura ou do crime.

O único lado bom das sensações negativas é que podem ser destruídas sem prejuízo algum. '

E aí está a única oportunidade que o homem tem de escapar delas.

Se fossem úteis ou necessárias para o menor objetivo e se constituíssem uma função ou parte do **cérebro emocional**, o homem não teria chance alguma de desenvolver-se.

No entanto não é assim.

As sensações negativas não fazem parte de nada, não servem para nada a não ser para nos fazer sofrer.

O que se tem a fazer é claro: **sacrificar o sofrimento.**

Não pode haver algo mais de fácil de sacrificar do que o sofrimento.

Mas o homem é capaz de sacrificar tudo, menos o seu sofrimento, as suas sensações negativas.

Não há prazer nem gozo que o homem não esteja disposto a sacrificar por razões fúteis, mas jamais sacrificará o seu sofrimento.

O homem está cheio de ideias falsas a respeito do seu sofrimento. Imaginando - a imaginação, lembram? - que o sofrimento lhes é enviado por Deus ou por deuses. Muitos homens sentem até medo de simplesmente desembaraçar-se dele.

Por outro lado, grande parte das pessoas só possuem sensações negativas.

Todos os seus *eus* são negativos. Sem as sensações negativas elas desabariam e se desfariam em fumaça.

A paciência
7. A dor é uma bênção que Deus envia a seus eleitos; não vos aflijais, pois, quando sofrerdes; antes, bendizei de Deus onipotente que, pela dor, neste mundo, vos marcou para a glória no céu. Sede pacientes.

A paciência também é uma caridade e deveis praticar a lei de caridade ensinada pelo Cristo, enviado de Deus.

A caridade que consiste na esmola dada aos pobres é a mais fácil de todas.

Outra há, porém, muito mais penosa e, conseguintemente, muito mais meritória: a de perdoarmos aos que Deus colocou em nosso caminho para serem instrumentos do nosso sofrer e para nos porem à prova a paciência.

A vida é difícil, bem o sei. Compõe-se de mil nadas, que são outras tantas picadas de alfinetes, mas que acabam por ferir. Se, porém, atentarmos nos deveres que nos são impostos, nas consolações e compensações que, por outro lado, recebemos, havemos de reconhecer que são as bênçãos muito mais numerosas do que as dores.

O fardo parece menos pesado, quando se olha para o alto, do que quando se curva para a terra a fronte. Coragem, amigos!

Tendes no Cristo o vosso modelo.

Mais sofreu Ele do que qualquer de vós e nada tinha de que se penitenciar, ao passo que vós tendes de expiar o vosso passado e de vos fortalecer para o futuro.

Sede, pois, pacientes, sede cristãos. Essa palavra resume tudo. – Um Espírito amigo. (Havre, 1862.)[80]

As sensações negativas só podem ser dominadas e desaparecer com a ajuda das Escolas.

Em algumas escolas, especialmente no Oriente, o trabalho sobre si começa pela aquisição de um domínio tão completo quanto possível, dos movimentos. Isso requer muito tempo.

Nas condições da vida moderna é preciso iniciar esse trabalho pelo controle dos pensamentos.

O controle da mente é um trabalho realizado no cérebro intelectual. Não temos nenhum controle sobre nossa consciência, mas temos certo controle sobre o nosso modo de pensar.

É possível pela filosofia construir raciocínios e elaborar pensamentos de tal maneira que nos tragam a consciência. Significa: dando a nossos pensamentos a orientação que teriam num momento de consciência podemos fazê-la chegar.

Quando começamos nos observar percebemos que não nos lembramos de nós mesmos; não temos consciência de si; que a observação de nós mesmo se torna difícil devido ao fluxo incessante de pensamentos, das imagens, dos ecos de conversas, dos impulsos sensoriais que atravessam nosso espírito e que distraem a nossa atenção e observação.

A observação é uma é uma luta constante contra ela: a imaginação.

Todas essas dificuldades nascem do fato de que o homem não consegue lembrar-se de si mesmo.

---

[80] O Evangelho Segundo o Espiritismo, Cap. IX.

Gurdjieff sempre alertava seus alunos: *"lembrem-se de si mesmos!"*

É preciso se lembrar de si mesmo!

Para lembrar-se de si mesmo o homem deve lutar contra os pensamentos mecânicos e contra a imaginação.

Esperar resultados no exercício da lembrança de si mesmo é perda de tempo porque afinal de contas não nos lembramos de nós mesmos.

Paradoxalmente aceitar isso nos confere a força necessária para realizarmos esforços suficientes e adequados para nos lembrarmos de nós mesmos.

Como vivemos na mecanicidade, a lembrança que fazemos de nós mesmos existe por curto espaço de tempo; mas existe porque de alguma forma e até certo ponto comandamos nosso pensamento.

E este é o **ponto fraco da mecanicidade:** o fato de que **até certo ponto** comandamos nosso pensamento.

O fato de que comandamos nosso pensamento até certo ponto, certamente significa que com esforços adequados podemos mudar esse ponto compelindo-o à frente e ao alto. E assim sucessivamente, até o fim dos tempos...

Lutar contra a mecanicidade e a imaginação sua filha predileta altera a parte mais sutil do nosso metabolismo.

Essa modificação produz, em nosso corpo, efeitos químicos definidos - ou efeitos alquímicos: a transformação de elementos grosseiros em elementos sutis.

Não é o resultado que produz esses efeitos alquímicos... **é a luta!** Estamos salvos! Precisamos apenas trabalhar incessantemente; suar no labor do Bem!

Então, o cansaço não tem sobre nós poder algum. Nenhum poder! Se desejarmos podemos assumir o controle.

O Espírito Fénelon[81], reflete sobre o que acontece conosco quando fazemos esforços.

A nossa alquimia física e espiritual se modifica e entramos em faixa vibratória mais sutil.

O ódio - 10. Amai-vos uns aos outros e sereis felizes.

*Tomai, sobretudo, **a peito**[82] amar os que vos inspiram indiferença, ódio, ou desprezo.*

O Cristo, que deveis considerar modelo, deu-vos o exemplo desse devotamento. Missionário do amor, Ele amou até dar o sangue e a vida por amor.

Penoso vos é o sacrifício de amardes os que vos ultrajam e perseguem; mas, precisamente, esse sacrifício é que vos torna superiores a eles.

Se os odiásseis, como vos odeiam, não valeríeis mais do que eles.

Amá-los é a hóstia imácula que ofereceis a Deus na ara dos vossos corações, hóstia de agradável aroma e cujo perfume lhe sobe até o seio.

Se bem a lei de amor mande que cada um ame indistintamente a todos os seus irmãos, ela não couraça o coração contra os maus procederes; esta é, ao contrário, a prova mais angustiosa, e eu o sei bem, porquanto, durante a minha última existência terrena, experimentei essa tortura; mas Deus lá está e pune nesta vida e na outra os que violam a lei de amor.

Não esqueçais, meus queridos filhos, que o amor aproxima de Deus a criatura e o ódio a distancia dele. – Fénelon. (Bordeaux, 1861.)

---

[81] O Evangelho Segundo o Espiritismo. Allan Kardec. Editora FEB. Capitulo XII, 10.

[82] Tomar a peito significa utilizar as expressões do amor nos esforços necessários. Porque no coração – o peito – é onde nos entendemos como Seres Humanos; no coração estão guardadas as nossas energias mais fortes, puras e sublimes.

(...) O amor é a lei própria da vida e, sob o seu domínio sagrado, todas as criaturas e todas as coisas se reúnem ao Criador, dentro do plano grandioso da unidade universal. 83

Então amar

Porque amar é um desafio constante. Somos ainda aquele ser que hoje é capaz de entregar a vida pelo semelhante e amanhã tirá-la. Incoerentes e frágeis.

Então é isso: *tomar a peito* o desafio de amar incondicionalmente.

Ainda sobre os esforços, os Espíritos nobres nos esclarecem sobre o quanto dele precisamos para domar as paixões que um dia já nos foram tão úteis. Eles garantem que na realidade precisamos de **poucos esforços**.

A questão é que não gostamos nem um pouco de fazer esforços.

---

83 XAVIER. F. C. Emmanuel. O CONSOLADOR, Q. 322. Ed. FEB.

Entretanto somente com algum esforço, mínimo que seja, conseguimos nos levantar da cama todas as manhãs para iniciar o ciclo diário. O ritmo circadiano no qual vivemos toda a existência.

Manter esse ritmo exige de nossa parte algum esforço a fim de mudarmos de um estado para outro.

Até mesmo para sair da vigília e dormir é necessário que se tenha alguma energia; "pegar no sono" gasta energia.

Paixões [84]

907. Será substancialmente mau o princípio originário das paixões, embora esteja na natureza?

"Não; a paixão está no excesso de que se acresceu a vontade, visto que o princípio que lhe dá origem foi posto no homem para o bem, tanto que as paixões podem levá-lo à realização de grandes coisas.

O abuso que delas se faz é que causa o mal."

908. Como se poderá determinar o limite em que as paixões deixam de ser boas para se tornarem más?

"As paixões são como um corcel, que só tem utilidade quando governado e que se torna perigoso desde que passe a governar.

Uma paixão se torna perigosa a partir do momento em que deixais de poder governá-la e que dá em resultado um prejuízo qualquer para vós mesmos, ou para outrem."

As paixões são alavancas que decuplicam as forças do homem e o auxiliam na execução dos desígnios da Providência.

Se o homem, porém, em vez de as dirigir, deixa que elas o dirijam, cai o homem nos excessos e a própria força que, manejada pelas suas mãos, poderia produzir o bem, contra ele se volta e o esmaga.

Todas as paixões têm seu princípio num sentimento ou numa necessidade natural.

[84] O Livro dos Espíritos. Allan Kardec. Editora FEB. Questões 907 a 912.

O princípio das paixões não é, assim, um mal, pois que assenta numa das condições providenciais da nossa existência.

A paixão propriamente dita é a exageração de uma necessidade ou de um sentimento.

Está no excesso e não na causa e este excesso se torna um mal, quando tem como consequência um mal qualquer.

Toda paixão que aproxima o homem da natureza animal afasta-o da natureza espiritual.

Todo sentimento que eleva o homem acima da natureza animal denota predominância do Espírito sobre a matéria e o aproxima da perfeição.

909. Poderia sempre o homem, pelos seus esforços, vencer as suas más inclinações?

"Sim, e, frequentemente, fazendo esforços muito insignificantes. O que lhe falta é a vontade. Ah! quão poucos dentre vós fazem esforços!"

910. Pode o homem achar nos Espíritos eficaz assistência para triunfar de suas paixões?

"Se o pedir a Deus e ao seu bom gênio, com sinceridade, os bons Espíritos lhe virão certamente em auxílio, porquanto é essa a missão deles."

911. Não haverá paixões tão vivas e irresistíveis, que a vontade seja impotente para dominá-las? "Há muitas pessoas que dizem:

Quero, mas a vontade só lhes está nos lábios.

Querem, porém muito satisfeitas ficam que não seja como 'querem'.

Quando o homem crê que não pode vencer as suas paixões, é que seu Espírito se compraz nelas, em consequência da sua inferioridade.

Compreende a sua natureza espiritual aquele que as procura reprimir.

Vencê-las é, para ele, uma vitória do Espírito sobre a matéria."

912. Qual o meio mais eficiente de combater-se o predomínio da natureza corpórea?
"Praticar a abnegação."

A abnegação é uma prática e que vai exigir esforço; significa a ação de negarmos a nós mesmos algo que desejamos, mas que já entendemos que não é o melhor. Ou, por outro lado, negarmos a nós mesmos um direito, abrindo mão do que a civilização nos permite possuir e desfrutar, em benefício de outrem. Por isso, se é verdadeiro que desejamos superar algum traço de paixão, é necessário desenvolver o hábito de nos negarmos a nós mesmos.

Não se pratica a abnegação lendo livros, nem ouvindo palestras; nem fazendo palestras. É preciso fazer a experiência.

Então, combater a natureza corpórea exige de nós estabelecermos espaço e tempo em nossas vidas para essa prática.

Aliás, a mensagem de Jesus traz consigo uma epistemologia.

A mensagem do Mestre é em si mesma a chave de acesso ao verdadeiro conhecimento.

Podemos chamá-la de **epistemologia cristã:** o estudo do método do acesso ao conhecimento único que realmente precisamos: **aprender amar.**

Jesus demonstrou que o **amor** é acessado na experiência pessoal única e intransferível através da convivência.

Não acessaremos o amor em estados de contemplação, de adoração, e menos ainda nos estados de consideração e identificação.

Os cultos exteriores sempre fizeram parte da nossa rotina e ainda vivemos dessa forma.

Então sentimos essa necessidade de comparecer a cultos, palestras... e agora a **congressos caríssimos** que são uma forma ingênua de **ninar a nossa consciência** a fim de que ela volte a dormir, para realizarmos o que realmente queremos: **nos distrair.**

É assim que penso desde que aconteceu o primeiro congresso espírita no Brasil. Parece-me isso: que as pessoas estão querendo viajar de férias e precisam de um motivo bem nobre.

É só uma opinião: a minha.

As distrações. Elas estão constantemente ao nosso redor nos chamando, gritando pela nossa atenção. E como as atendemos tão felizes!

Jesus além da epistemologia que nos entrega, traça um roteiro, um caminho. É o caminho da pedagogia cristã, do homem de bem, da compaixão e da misericórdia.

Os Espíritos Nobres detalham com linhas de ação muito claras as virtudes mínimas necessárias.

O homem de bem[85]

O verdadeiro homem de bem é o que cumpre a lei de justiça, de amor e de caridade, na sua maior pureza.

Se ele interroga a consciência sobre seus próprios atos, a si mesmo perguntará se violou essa lei, se não praticou o mal, se fez todo o bem que podia, se desprezou voluntariamente alguma ocasião de ser útil, se ninguém tem qualquer queixa dele; enfim, se fez a outrem tudo o que desejara lhe fizessem.

Deposita fé em Deus, na sua bondade, na sua justiça e na sua sabedoria. Sabe que sem a sua permissão nada acontece e se lhe submete à vontade em todas as coisas.

---

[85] O Evangelho Segundo o Espiritismo. Allan Kardec. Editora FEB. Cap. XVII, 3

Tem fé no futuro, razão por que coloca os bens espirituais acima dos bens temporais. Sabe que todas as vicissitudes da vida, todas as dores, todas as decepções são provas ou expiações e as aceita sem murmurar.

Possuído do sentimento de caridade e de amor ao próximo, faz o bem pelo bem, sem esperar paga alguma; retribui o mal com o bem, toma a defesa do fraco contra o forte e sacrifica sempre seus interesses à justiça.

Encontra satisfação nos benefícios que espalha, nos serviços que presta, no fazer ditosos os outros, nas lágrimas que enxuga, nas consolações que prodigaliza aos aflitos.

Seu primeiro impulso é para pensar nos outros, antes de pensar em si, é para cuidar dos interesses dos outros antes do seu próprio interesse.

O egoísta, ao contrário, calcula os proventos e as perdas decorrentes de toda ação generosa.

O homem de bem é bom, humano e benevolente para com todos, sem distinção de raças, nem de crenças, porque em todos os homens vê irmãos seus.

Respeita nos outros todas as convicções sinceras e não lança anátema aos que como ele não pensam.

Em todas as circunstâncias, toma por guia a caridade, tendo como certo que aquele que prejudica a outrem com palavras malévolas, que fere com o seu orgulho e o seu desprezo a suscetibilidade de alguém, que não recua à ideia de causar um sofrimento, uma contrariedade, ainda que ligeira, quando a pode evitar, falta ao dever de amar o próximo e não merece a clemência do Senhor.

Não alimenta ódio, nem rancor, nem desejo de vingança; a exemplo de Jesus, perdoa e esquece as ofensas e só dos benefícios se lembra, por saber que perdoado lhe será conforme houver perdoado.

É indulgente para as fraquezas alheias, porque sabe que também necessita de indulgência e tem presente esta sentença do Cristo: "Atire-lhe a primeira pedra aquele que se achar sem pecado."

Nunca se compraz em rebuscar os defeitos alheios, nem, ainda, em evidenciá-los.

Se a isso se vê obrigado, procura sempre o bem que possa atenuar o mal.

Estuda suas próprias imperfeições e trabalha incessantemente em combatê-las.

Todos os esforços emprega para poder dizer, no dia seguinte, que alguma coisa traz em si de melhor do que na véspera.

Não procura dar valor ao seu espírito, nem aos seus talentos, a expensas de outrem; aproveita, ao revés, todas as ocasiões para fazer ressaltar o que seja proveitoso aos outros.

Não se envaidece da sua riqueza, nem de suas vantagens pessoais, por saber que tudo o que lhe foi dado pode ser-lhe tirado.

Usa, mas não abusa dos bens que lhe são concedidos, sabe que é um depósito de que terá de prestar contas e que o mais prejudicial emprego que lhe pode dar é o de aplicá-lo à satisfação de suas paixões.

Se a ordem social colocou sob o seu mando outros homens, trata-os com bondade e benevolência, porque são seus iguais perante Deus; usa da sua autoridade para lhes levantar o moral e não para os esmagar com o seu orgulho.

Evita tudo quanto lhes possa tornar mais penosa a posição subalterna em que se encontram. O subordinado, de sua parte, compreende os deveres da posição que ocupa e se empenha em cumpri-los conscienciosamente.

Finalmente, o homem de bem respeita todos os direitos que aos seus semelhantes dão as Leis da Natureza, como quer que sejam respeitados os seus.

Não ficam assim enumeradas todas as qualidades que distinguem o homem de bem; mas aquele que se esforce por possuir as que acabamos de mencionar, no caminho se acha que a todas as demais conduz.

Jesus insere pedagogicamente a **compaixão** como uma categoria política nas escolas e na sociedade.

Jean Jacques Rousseau, na condição de filósofo do mundo, iria mil e setecentos anos depois, dar a mesma receita – a compaixão – como um caminho de educação[86].

Além de um roteiro de autoconhecimento essa pedagogia que se assenta na compaixão e na misericórdia, baliza o homem oferecendo-lhe metas concretas.

A pedagogia da compaixão convoca a própria sociedade para pensar nas gerações futuras ensinando desde cedo às almas renascentes e ainda tenras no corpo de carne, a caminhar com segurança.

Aprendendo a amar a partir das práticas de autonegar-se para integrar-se no todo amorosamente, generosamente, sem jamais perder a própria noção de si mesmo, sem esquecer que existe e que é filho de Deus, herdeiro do Universo o Ser descobre a felicidade.

Essa felicidade que significa amar a Deus e sentir o amor de Deus.

Nossas crianças, principalmente, têm o direito de acessar esse conhecimento.

É nosso dever disponibilizá-lo.

Como viver a experiência da abnegação?

Saber a resposta, de que é necessário praticar a abnegação não significa muito, não é?

Por onde começaremos?

---

[86] Vide: A Pedagogia da Compaixão e a Proteção Social Plena. Márcia Regina Pini. Amazon.com

Encontramos a **Escola Cristã** vamos dizer assim. Com a sua epistemologia, sua pedagogia e seus métodos.

Como se adequar a ela sem a desconfigurar? Porque é o que temos feito nos últimos dois mil anos.

Ao invés de nos adequarmos aos ensinamentos do Cristo, fizemos o contrário: adaptamos os ensinamentos de Jesus aos nossos gostos, sabores, desejos, e que tais.

Basta prestar atenção na maneira pela qual reverenciamos o nascimento de Jesus: o Natal.

Encontrar uma Escola e não a perder, conforme os ensinamentos de Gurdjieff anotados por Ouspensky.

Encontrar a Jesus e não O perder!

Primeiramente trabalhar sobre si mesmo procurando a linguagem da Escola; depois trabalhar em equipe e finalmente trabalhar para a Escola.

A Escola de Jesus [87]ensina a implantação do Reino de Deus na Terra ; em outras palavras, a implantação do **amor** na Terra.

Para isso Jesus orienta que o trabalho deve ser realizado a partir da experiência.

O amor é acessado pela **convivência** como tudo e com todos.

Significa aprender a conviver em harmonia com todos os reinos da natureza.

Somente bem de perto podemos compreender o outro, ainda que o outro seja um pedaço de rocha, um cascalho, um grão de areia, até um gênio da ciência, da filosofia ou da religião.

---

[87] O Jesus de Nazaré e não o Jesus dos Cristãos

Amar a tudo e a todos incondicionalmente vai exigir **atenção;** e atenção não existe sem a **convivência,** que em última análise é a sua provedora.

A **convivência,** entretanto, não pressupõe que as relações estabelecidas com o objeto da nossa atenção sejam antigas nem unicamente presenciais.

É possível conviver com um companheiro de fila de banco, por exemplo. Em um ônibus, uma cidadezinha, qualquer lugar do planeta Terra.

Tenho um tio que hoje vive no Mundo Espiritual – Tio Zezé – que, enquanto encarnado, adorava ficar em filas.

Era extremamente prazeroso para ele interagir com as pessoas. Não somente falar, mas principalmente ouvir.

Meu Tio Zezé tinha esse poder.

Ele estava sempre sorrindo e prestando atenção nas pessoas e nas coisas.

Eu o amava muito. Mas eu era bastante criança e talvez jamais tenha dito isso a ele.

Então ele convivia com as pessoas nas filas. Convivia conosco em nossa casa no tempo que residiu com minha mãe. Conviva com todos em qualquer lugar.

Meu Tio Zezé estava sempre atento e tinha um jeito especial de *resolver tudo.* A explicação hoje me parece essa: Tio Zezé havia aprendido a amar.

E ele sempre pareceu ser feliz apesar da quase miséria financeira, a fome, o frio... Tanta coisa que ele passou.

Aprender a conviver com a natureza; não **nela,** mas **com ela.**

Olhar uma árvore, observar, aproximar-se, interagir e se deixar ser tomado de compaixão.

Assim, o sol, a lua, o mar e as paisagens cuja beleza nós ainda não entendemos.

Encontrar a ordem e a harmonia de toda a natureza ainda que os padrões que se nos apresentem sejam diferentes ou mesmo opostos aos nossos sensos estéticos.

Francisco de Assis disse ao pai dele que havia uma *ordem* e uma especial harmonia na comunidade dos leprosos.

Essa forma de encarar a vida exige estar pronto para a prática. Como Francisco de Assis estava quando recebeu o chamado e como o pai dele não conseguiu entender na época.

Para viver a experiência em plenitude temos de nos lembrar de Jesus porque foi assim que Ele ensinou e viveu.

O episódio dos dentes do cachorro morto é comovente. Essa história não está registrada nos evangelhos apesar de ser constantemente narrada:

Dizem os Antigos que certa vez, estando Jesus caminhando por uma estrada, em companhia dos seus apóstolos deparou com o cadáver de um cachorro em decomposição avançada. O mau odor afastou os discípulos imediatamente. Jesus, entretanto caminhou na direção do cachorro morto, abaixou-se, examinou com grave atenção e finalmente disse: "Que belos dentes ele tinha".

Os apóstolos viram ossada e podridão. Jesus viu beleza.

Existe um bairro aqui na minha cidade que eu visito com regularidade por dever de Ofício.

O acesso ao bairro sempre foi muito cheio de percalços.

E não me lembro de ter ido para lá sem me deparar com alguns Urubus.

Os urubus são aquelas aves que gostam de limpar os ambientes das carnes estragadas que nos fariam grande mal.

Essas aves sempre estavam no caminho limpando as ossadas que os donos dos açougues jogavam ali.

Dizem também que antigamente cadáveres humanos eram jogados naquelas estradas. Mas isso é outra história.

Uma ocasião um deles quase entrou no meu carro porque o vidro estava aberto; meu carro não tinha ar condicionado e estava muito calor.

Faz tempo isso. Mas nunca esqueci.

Então eu comecei a observar o voo deles, a imponência deles no alto das árvores. A paciência deles esperando a hora de comer.

Um dia percebi que os amava; que eram belos. Foi um dia especial.

Atualmente eu os considero meus grandes amigos e de vez em quando os fotografo.

As chamadas aves de rapina são realmente imponentes e belas.

E que papel elas desempenham! O melhor do qual já se tenha ouvido falar.

Essas experiências nos ajudam aprender amar, sair da mecanicidade.

Nos ajudam aprender a observar...

A tese das almas gêmeas[88]

---

[88] Abordamos este tema de forma mais completa em nosso livro "Os Hereges do Castelo" que deve ser publicado pela Amazon.com

O Espírito Emmanuel diz que na caminhada rumo à Casa do Pai, alguém em especial partilha a experiência conosco, embora às vezes circunstancialmente separados. Diz Emmanuel que:

"No sagrado ministério da vida, cada coração possui no Infinito a alma gêmea da sua, companheira divina para a viagem à gloriosa imortalidade."

"Criadas umas para as outras, as almas gêmeas se buscam sempre que separadas. A união perene é-lhes a aspiração suprema e indefinível. Milhares de seres, se transviados no crime ou na inconsciência, experimentam a separação das almas que os sustentam, como a provação mais ríspida e dolorosa, e, no drama das existências mais obscuras, vemos sempre a atração eterna das almas que se amam mais intimamente, evolvendo umas para as outras num turbilhão de ansiedades angustiosas, atração que é superior a todas as expressões convencionais da vida terrestre. Quando se encontram, no acervo dos trabalhos humanos, sentem-se de posse da felicidade real para os seus corações – a ventura de sua união, pela qual não trocariam todos os impérios do mundo.[89]

O Espírito Emmanuel foi questionado pela Federação Espírita Brasileira a respeito dessa teoria e até que ponto ela se contrapõe aos ensinamentos de Allan Kardec em O Livro dos Espíritos que diz não existirem metades eternas umas destinadas para as outras.

Há uma nota explicativa ao final do livro O CONSOLADOR, na qual Emmanuel pede que a tese permaneça no texto explicando que ela é *"mais complexa do que parece ao primeiro exame, (...) mesmo porque, com a expressão 'almas gêmeas', não desejamos dizer 'metades eternas' (...)"*

---

[89] XAVIER. F. C. Emmanuel. O CONSOLADOR, Q. 323. Ed. FEB

Emmanuel ainda esclarece que ninguém deve invocar a tese das almas gêmeas para furtar-se aos compromissos afetivos que a reencarnação tenha estabelecido.

O amor é a Vida da Alma, e a Vida em plenitude é a Alma do Amor.

Necessitamos amar. É uma lei da natureza. Aos espíritos encarnados na Terra, outra lei há que não nos podemos furtar que é a necessidade de compreensão e a sede de afeto. Em o livro Renúncia, Antônio fala isso para Alcíone quando ela pede permissão para reencarnar. Que ela teria desejos na Terra. Que teria sede de afeto... todos temos sede de afeto.

Meditar na extensão desses conceitos e na sua aplicação na experiência daquele que caminha conosco é fundamental na prática da convivência.

A prática da convivência é a segunda linha da Escola que escolhemos.

A necessidade de compreensão e a sede de afeto que temos, devemos por ofício sacro, providenciar ao outro que partilha a experiência conosco. Abnegando-nos muitas vezes.

Porque compreendendo e dando afeto a Lei retribuirá em nosso favor as mesmas oferendas.

Nem sempre encontraremos compreensão e afeto naqueles que nos partilham de mais perto a existência. Mas não faltarão corações amigos que comungarão nossas ideias e ideais tornando mais generosa a vida na terra.

Allan Kardec aborda esse assunto:[90]

---

[90] O Livro dos Espíritos. Allan Kardec. Editora FEB. Questões 938 e 939.

938 - As decepções oriundas da ingratidão não contribuem para endurecer o coração e fechá-lo à sensibilidade?

"Seria um erro, pois, como dizes, o homem de coração se sente sempre feliz pelo bem que faz. Sabes que, se este bem não for lembrado nesta vida, será lembrado em outra e o ingrato se envergonhará e terá remorsos da sua ingratidão.

939 - Tal raciocínio, porém, não impede que seu coração se ulcere. Ora, daí não pode surgir-lhe a ideia de que seria mais feliz se fosse menos sensível?

"Sim, se preferir a felicidade do egoísta. Triste felicidade, essa! Saiba ele, pois, que os amigos ingratos que o abandonam não são dignos da sua amizade e que se enganou a respeito deles; por isso deve lamentá-los. Mais tarde encontrará outros amigos que saberão compreendê-lo melhor. Lastimai os que procedem com maldade com relação a vós, sem que o mereçais, pois bem triste lhes será o reverso da moeda. Mas não vos aflijais com isso: é o meio de vos colocardes acima deles."

A natureza deu ao homem a necessidade de amar e de ser amado. Um dos maiores gozos que lhe serão concedidos na Terra é o de encontrar corações que com o seu simpatizem. Dá-lhe ela, assim, as primícias da felicidade que o aguarda no mundo dos Espíritos perfeitos, onde tudo é amor e benignidade. Desse gozo está excluído o egoísta."

Se você[91]

Se você, se você,
Sorrir sentir feliz.
Seu amor, seu amor,
Nutrir viver doar.
Esconder, esconder,
Pesar, penar sofrer.
Só mostrar, só mostrar,
Olhar que traz a paz.
Se você, se você,
Buscar findar a dor.
No pensar, no pensar,
Sonhar fazer seu céu...
Vai acender essas estrelas luz
Que derramam de você.

---

[91] Autor desconhecido.

Assim como numerosos Espíritos recebem a provação da fortuna, do poder transitório e da autoridade, há os que recebem a incumbência sagrada, em lutas expiatórias ou em missões santificantes, de desenvolverem a boa tarefa da inteligência em proveito real da coletividade. (...)[92]

O saber e o ser

Vamos continuar com as ideias de Gurdjieff pelo lápis de Ouspensky e com as minhas reflexões.

O **ser** de um homem é a sua própria essência, o seu estágio evolutivo. Então vamos encontrar categorias de homens representando níveis diferentes de **ser**.

O *saber* e o *ser* são diferentes. O *ser* deve crescer e se desenvolver paralelamente com o *saber*, mantendo-se independe.

Não se **é** um verdadeiro pensador ou artista, com um espírito perverso ou incoerente, como também não se pode ser um boxeador profissional ou um atleta de circo sendo tuberculoso.

[92] XAVIER. F. C. Emmanuel. O CONSOLADOR, Q. 208. Ed. FEB

Se o *saber* prevalece sobre o *ser* ou este sobre aquele, disso resultará desenvolvimento unilateral que não irá muito longe. Esse desenvolvimento capenga conduzirá, inevitavelmente, a grave contradição interior e deter-se-á aí.

Essa contradição será geradora de conflitos internos, muita dor, melancolia e finalmente depressão.

É o *ser* que foge – por se haver submetido ante, e assim por medo - do *saber* ou vice e versa como na alegoria narrada no livro do Profeta Jonas.

A metáfora do Profeta Jonas foi apontada por Jesus como sendo o sinal suficiente para encontramos o Reino. Nada mais era preciso.

Os discípulos diziam a Jesus que pessoas importantes pediam um sinal, ao que Jesus redarguiu:

Mas ele lhes respondeu, e disse: Uma geração má e adúltera pede um sinal, porém, não se lhe dará outro sinal senão o sinal do profeta Jonas;[93]

Jonas ouve um chamado e foge.

Foge de si mesmo e do seu próprio saber porque está com muito medo de realizar a missão para a qual fora preparado.

Ele tem medo de fracassar, por não **saber** o suficiente; ele tem medo de fracassar por não **ser** suficientemente forte.

Ele consegue fugir de si mesmo, ou seja, dos conteúdos da **essência** e das aquisições da **personalidade.**

Foge do *saber* e do *ser*.

E atrai dor e desgraça para si mesmo e para os que com ele se relacionaram.

---

[93] Mateus, 12:30

A compreensão

Compreender é visualizar algo do ponto de vista da sua relação com a verdadeira origem. É uma habilidade para contextualização. Relacionar corretamente a parte com o todo.

Isso é compreender. Em outras palavras, analisar com as razões do outro ou do contexto.

A questão se torna complexa porque o todo, ou a verdadeira origem de algo sempre é vista pelo ângulo do observador que realizará a suposta compreensão segundo o seu próprio *ser* e ou o seu próprio *saber*.

Por esta causa existem tantas maneiras de compreender quantos são os homens. Cada um compreende algo à sua maneira, segundo suas rotinas ou hábitos mecânicos, mas trata-se, aí, de uma compreensão completamente subjetiva e relativa.

A capacidade de elaborar a **compreensão objetiva** é adquirida pelo ensinamento das escolas e pela mudança de ser.

A compreensão real exige uma nobre **capacidade de fazer julgamentos.** Podemos afirmar, portanto, que a compreensão ainda não foi adquirida por nós porque ela não pertence à categoria da humanidade da qual fazemos parte.

Provavelmente essa deva ser a principal razão pela qual Jesus nos alertou para que não nos julgássemos uns aos outros.

Porque não temos a compreensão, e sem ela qualquer raciocínio é falso.

A grande maioria de nós humanos encarnados na Terra, pertencemos à categoria do **homem comum** com alguma parcela de transição para o **homem escola.** Vou lembrar novamente que Gurdjieff, classifica numericamente as categorias humanas, mas eu preferi fazer essa divisão usando qualificativos para melhor entendimento.

Na condição de homens comuns, vivemos num círculo mecânico como máquinas e vitimados pela nossa linguagem confusa. Podemos aprender a falar todas as línguas e mesmo assim não nos compreenderemos porque nos falta o sentido de penetrar e conhecer o móvel de todas as ações. É este sentido que não possuímos que confere a capacidade nobre de realizar os julgamentos necessários para compreender.

O que nos cabe realizar, em termos de compreensão relativa, é nos munir do amor e da instrução que a nossa evolução permita. O amor e a instrução nos habilitarão para aumentar nossa capacidade de estabelecer as conexões que existem entre as situações a fim de projetá-las – as situações - no tempo e no espaço e com isso antecipar a visão dos resultados com suas causas prováveis. Podemos, inclusive, chamar essa visão do futuro de *fé*.

Jesus de Nazaré
e o Jesus dos Cristãos

Sou de Nazaré,
Tu és dos Cristãos.
Levas meu nome,
Mas não te conheço não!
Cadê a minha cruz?
E essa festa tão rica?
Expliques Jesus...
Iguarias na mesa,
Te furtando a leveza.
Tanta coisa na mesa,
Expliques Jesus!
Jesus dos cristãos, eu te convoquei.
Quero contas,
De tudo que um dia ensinei.
O Reino espera,
Eu tenho pressa!
Respondas que festa é essa?
Onde estão teus irmãos?
Sentem frios e fomes!
Que fazes aí,
Falando em meu Nome?
Os farnéis doados
Há tempos deles não restam nada.
E tu dormitando
Com a alma pesada!
Será que não vês,
Tanta comida
Te aprisiona no corpo
E perdes a Vida...
Levantes; faz brilhar tua luz,
Se queres Meu Nome
Nunca te esqueças da cruz.
Jesus dos cristãos,
Eu te convoquei.
Precisas lembrar
Tudo quanto ensinei.
Precisas lembrar
Tudo o que Eu ensinei!

Não julgueis, para que não sejais julgados. Porque com o juízo com que julgardes sereis julgados, e com a medida que tiverdes medido vos medirão a vós.[94]

A compreensão e a linguagem

A nossa capacidade de compreensão é definida pela categoria que nos qualifique. E essa capacidade definirá nossa linguagem própria.

Estudar a linguagem de um nível superior ao que é ordinário para si, é fato que dilata a capacidade de compreensão.

O estudo da linguagem é tão importante que provavelmente seja essa uma das razões pelas quais o Espírito de Verdade afirma o primeiro *ensinamento* era o do **amor;** e o segundo *ensinamento* era o do **aprendizado.**[95]

---

[94] Bíblia Sagrada.Mateus 7

[95] O Evangelho Segundo o Espiritismo. Allan Kardec. Editora FEB. Capítulo VI, 5.

Observar e estudar a si mesmo resulta em avanço no conhecimento de linguagem superior, e, portanto, de melhor compreensão.

O Mundo Novo que todos aguardamos ansiosamente não virá por decreto. Ele depende de que a humanidade, em sua maioria, tenha elaborado melhor compreensão do mundo e desenvolvido uma linguagem serena e firme.

A linguagem da Nova Era, usará menos as palavras e mais o olhar.

Santo Agostinho – Espírito - nos convoca a sensibilizar nossa forma de olhar para o céu[96].

"Contemplai, pois, à noite, à hora do repouso e da prece, a abóboda azulada e, das inúmeras esferas que brilham sobre as vossas cabeças indagai de vós mesmos quais as que conduzem a Deus e pedi-lhe que um mundo regenerador vos abra o seio após a expiação na Terra".

Nossa função de senso e de percepção, que é o sexto sentido, a mediunidade, nos permite relacionar com tudo e com todos de forma cada vez mais empática. Cabe-nos desenvolver conscientemente este sentido a partir do entendimento da linguagem do homem enquanto Ser Integral.

Aprofundar na filosofia a fim de procurar resolver as questões aporéticas[97], e assim compreender quanto possível os fenômenos da vida.

A questão da morte, por exemplo.

---

[96] O Evangelho Segundo o Espiritismo. Allan Kardec. Editora FEB. Cap. III, 18

[97] Aporia = sem poros. Sem saída. Questões aporéticas são aquelas que não conseguimos resolver e elas se transformam em dogmas. A filosofia busca encontrar essa saída construindo raciocínios que nos remetam à intuição.

A morte é um fenômeno que não tem caráter racional e objetivo. A compreensão do significado dela – da morte – é sempre pessoal. Verdadeiro e não verdadeiro não cabem no universo da compreensão passível para o homem da Terra.

A compreensão decorrerá sempre do consenso na forma de apreender as próprias experiências realizadas pelas comunidades nas quais o homem se tenha inserido ao longo da sua trajetória existencial.

Por isso que a compreensão possível na Terra, será obtida a partir de pontos de vista. Do ponto de vista ético, do ponto de vista estético; do ponto de vista científico, filosófico ou religioso.

Neste aspecto a Doutrina Espírita nos benéfica a todos que a professamos porque ela possui esse tríplice aspecto de visão do mundo: ciência, filosofia e religião

Infelizmente no mundo atual, a filosofia como que naufragou, porque ela significa *ânsia de saber*. E essa ânsia parece estar sufocada pelo conforto, pelos ruídos e pelos espetáculos.

Para elevarmos o nível da nossa compreensão, necessário se faz significativos esforços de leitura e meditação, de ação análise dos cenários do mundo, com desejo real de participar das mudanças para melhor.

Ser conduzido para o mundo da filosofia, que é o mundo da linguagem, só é possível a partir de um estado de inconformação com os recursos utilizados para as explicações dos eventos da vida.

De certa maneira, o sofrimento pode ser este estado tão necessário para trazer o descontentamento com a ordem estabelecida a fim de buscar outras respostas.

Por isso que aquele que sofre sede e fome de justiça, será saciado porque ele está inconformado com o *status quo* vigente e sua consciência se movimenta na direção de atingir dimensões mais sutis e profundas de entendimento.

Para isso é imperioso que o homem aceite imergir num longo período de convívio com a filosofia, com a ciência, a arte, a religião, a ciência.

As verdades reais não podem ser escritas. Elas se apresentarão ao homem na condição de subproduto do seu esforço do na direção de alcança-la.

Mas quando o homem tenta delimitar a compreensão ele não consegue. As palavras serão sempre insuficientes para descrevermos o Amor que sentimos, por exemplo. Ou para relatar o significado de um evento que nos tenha despertado para algo. Então não se descreve a essência da compreensão. Por isso que aquele que ama, simplesmente sabe. Não sabe como sabe, só sabe que sabe.

Os períodos de imersão no Mundo dos Valores não se completam na juventude do corpo. Nosso cérebro começa amadurecer a partir dos quarenta anos de idade.

Então não se forma um filósofo – aqui entendendo-se os ramos do conhecimento humano – antes da madureza do corpo. Quarenta anos pelo menos.

Jesus se colocou pronto aos trinta e três anos. Mas Ele é Jesus. Mesmo assim, trinta e três anos.

A linguagem dos valores que nos possa dar a reconhecer as tradições, adotar posturas críticas, estabelecer formas e meios de acesso ao conhecimento, precisa ser estudada sem preocupação com o tempo que isso vai levar.

Colocar-se de forma serena na posição que é exigida para o entendimento de algo, buscando estudar todos os métodos de acesso ao conhecimento que se pretende.

Trata-se de aprender a epistemologia do amor; a razão pela qual se deva amar; a epistemologia Cristã, que nos esclarece sobre a Boa Nova, sobre as razões pelas quais, é importante fundamentar o Reino de Deus na Terra.

A epistemologia Cristã, estuda a melhor metodologia de acessar a compreensão e Jesus não escreve nada, deixando claro que foi o maior filósofo que já existiu e que, somente através da convivência e do serviço ao próximo conseguiremos aprender a linguagem do Reino: o Amor

Márcia Regina Pini

Mundo Novo[98]

Um dia eu vou fazer um Mundo Novo
Sobre uma montanha esverdeada, cheinha de flores
E vou semear tantos sonhos.

Vou fazer um Mundo Novo,
Onde entre o dever e o direito esteja o amor e a paz
Onde o riso das crianças faça eco nas montanhas...
Onde toda angústia se perca
Como a água entre os dedos
Onde toda lágrima morra no calor de um beijo.
Onde toda estrela caia
No ventre de uma flor
Porque as estrelas são meninas
Todas apaixonadas
Que vibram por amor
Onde nada se compre
E nada se venda
Tudo se dê na ânsia
De dar-se inteiramente
Onde haja um só Deus
E uma só crença
Onde os minutos dourados do futuro
Sejam vividos no presente
Onde a canção seja cantada em uma nota sem dor.
Onde o manto da liberdade
Aos brancos e pretos saiba envolver
Vou fazer um Mundo assim
Vou fazer um Mundo Novo
Nem que só de sonhos eu vá viver...

---

[98] Autor desconhecido

O deserto e os lugares secos se alegrarão disto; e o ermo exultará e florescerá como a rosa. (...) Confortai as mãos fracas, e fortalecei os joelhos trementes. (...) Então os olhos dos cegos serão abertos, e os ouvidos dos surdos se abrirão.[99]

Os cérebros das funções; aprofundando

A linguagem que Pedro Ouspensky utiliza muito está nos ajudando a entender mais e melhor o mundo no qual vivemos. Continuemos então.

A lembrança de si mesmo e o estudo dos cérebros, tem por resultado a ampliação da capacidade de compreensão.

Conforme já estudamos, os cérebros são constituídos de uma parte que é positiva e outra que é negativa. Positivo ou negativo não são as qualidades de bom e de mau. Não é isso.

Cada uma dessas partes se divide em três partes.

Isso mesmo. Existem três partes na parte positiva e três partes na parte negativa.

---

[99] Bíbilia Sagrada. Isaías, 35, 1, 3, 5.

Essas três partes de cada parte se dividem em: **mecânica, emocional e intelectual.**

A parte positiva então se dividirá em:

mecânica +, emocional + e intelectual +.

A parte negativa então se dividirá em:

mecânica -, emocional - e intelectual -.

A parte mecânica de cada cérebro inclui os princípios instintivo e motor com ou sem predominância de um deles.

A parte emocional inclui o princípio emocional.

A parte intelectual inclui o princípio intelectual.

Essa divisão, não se aplica ao **cérebro emocional.**

O cérebro emocional pertence a outra dimensão como já nos referimos. É uma dimensão de silêncio onde somente existem emoções absolutas.

O que acontece de ordinário, é que o **cérebro instintivo** assume um papel de manifestar sensações muito próximas dos sentimentos o que faz parecer que sejam emoções; mas ainda são as sensações e então denominamos **cérebro sensorial.**

O cérebro intelectual, na sua parte emocional, também pode dar a ilusão de manifestações das emoções puras, mas não são.

O cérebro instintivo faz um trabalho que não é seu e por isso mesmo perfeitamente dispensável caso homem perceba a sua inconveniência e como e quanto gasta de energia com **sensações inúteis.**

Então, continuando, **o cérebro intelectual**, está dividido em duas partes, positiva e negativa e cada uma delas se divide em três partes.

O cérebro comporta, de fato, seis partes.

Cada uma dessas seis partes também se subdivide em três partes: mecânica, emocional e intelectual.

Como funciona a parte **mecânica do cérebro intelectual:** sem atenção, atenção errante; frases feitas; chavões políticos; gíria; responde quando não deveria.

Gurdjieff chama essa parte mecânica do cérebro intelectual de **aparelho formatório.**

O aparelho formatório parece ser uma peça entre o corpo e nossa dimensão mais sutil, que faz as associações entre todos os cérebros.

Ao que tudo indica, todas as informações e os acessos ao conhecimento passam pelo aparelho formatório.

É como se ele representasse um **portal de acesso e de comunicação** entre os demais centros e as habilidades de cada um.

Como dizer... uma espécie de *hall*...uma salinha, ou uma varanda onde todos se encontram... espero que tenham conseguido entender.

Em minhas reflexões penso que a contraparte do aparelho formatório no corpo seja a **glândula pineal.** Estudos de neurociência têm comprovado muitas das informações que os Espíritos já nos revelaram sobre essa glândula. Mas este é outro longo assunto.

Aprofundando um pouco mais, a parte mecânica possui uma parte mecânica, uma parte emocional e uma parte intelectual.

Então mesmo os chavões políticos, por exemplo, poderão ter conotação mais chula, menos chula, espetaculares ou possuir o mínimo de aceitabilidade.

Isso significa que, mesmo estando ruim, é possível piorar. Se você está na parte mecânica do centro intelectual, mas está na parte intelectual dessa parte mecânica, você ainda não está mal o suficiente.

Entretanto, se a conversa baixar para a parte mecânica da parte mecânica só resta orar a Deus para que não nos igualemos.

Para me prevenir eu ouço no máximo **três palavrões** de uma pessoa. Ela não me dirá o quarto palavrão.

Também ouço apenas uma piada chula. Não ouvirei a segunda. Pelo menos eu tento seguir essa regra. Nem sempre é possível por motivos óbvios.

O que agora vou repetir com os filósofos que nos antecederam é algo bem fácil de perceber: a maioria dos homens passa toda a sua vida somente com o seu aparelho formatório, sem jamais recorrer às outras partes do seu **cérebro intelectual**.

Alguns permanecem a vida toda na parte mais sombria do aparelho formatório: a parte mecânica. Meio assim: a pessoa fica no *hall*... na varanda... não entra de verdade.

E às vezes fica naquela parte bem escura da varanda... ou do *hall*...

O pensamento nesta parte mecânica, **o centro formatório,** parece contar apenas até o número 2.

Ele divide todas coisas em dois: "ricos e pobres", "bons e maus", "proletários e capitalistas", "operários e burgueses", e assim por diante.

É passar a vida sem usar convenientemente o lóbulo frontal. Não fazer pausas para pensar, refletir, meditar.

A parte emocional do cérebro intelectual: é constituída principalmente pelas *emoções intelectuais*, ou seja, o desejo de saber, de compreender, a satisfação do saber, o descontentamento por não saber, o prazer da descoberta.

Essas emoções podem também manifestar-se em outros níveis bastante diferentes a depender da atenção que nesta parte do cérebro não exige esforço.

Sem atenção baseada na disciplina a pessoa passa a agir frequentemente sob o efeito de uma identificação: "interesse", "entusiasmo", "paixão", "devoção".

Vamos lembrar que essa parte também possui três partes: mecânica, intelectual e emocional.

Então uma paixão ou uma devoção se manifestará em pelo menos três níveis. Alguns bem sombrios.

A parte intelectual do cérebro intelectual comporta a faculdade de criar, construir, inventar, descobrir.

Essa parte somente trabalha com atenção absoluta.

E, a atenção nesta parte do cérebro intelectual deve ser controlada e mantida pela vontade e pelo esforço.

A atenção pode indicar qual parte do **cérebro intelectual** estamos usando.

Sem atenção ou com errante: - parte mecânica.

Com atenção atraída e retida pelo assunto da observação ou da reflexão: parte emocional.

Com a atenção controlada e mantida sobre um assunto por meio da vontade: parte intelectual.

Esse mesmo princípio se aplica a todos os outros cérebros.

O cérebro emocional deve ser analisado em separado como já vínhamos alertando antes.

O cérebro emocional verdadeiro pertence a uma dimensão superior. Ele está muito além dos demais.

Quando o cérebro emocional é considerado na sua dimensão real, é uno e indivisível.

É a dimensão de *Ágape*, a forma Divina do Amor.

As manifestações primárias de amor todas elas estão na dimensão do cérebro instintivo.

O amor de *Pornéia* - amor de bebê, da criança que tudo suga e não dá nada. O amor que se expressa com rudeza e pornografia, sem nenhuma preocupação de atender o outro.

O amor de *Eros* – o amor adolescente que não tem o menor controle sobre si mesmo, que espalha paixão como quem coloca fogo em uma floresta deixando atrás de si cinzas e rescaldos e muita dor.

O de *Phileas*, o amor já adulto, mas ainda exigente de reciprocidade.

São manifestações primitivas em processo de amadurecimento.

A depender de qual parte do cérebro instintivo se encontre a manifestação do amor, teremos a expressão das sensações grosseiras e pornográficas; ou nas expressões menos chocantes, mas inconsequentes; ou com alguma responsabilidade, mas muito voltadas para si mesmo. Egoístas.

Tudo leva a crer que o Cérebro Emocional não possua divisões.

O máximo que podemos conceber são dois estados; um estado de **contemplação** que poderíamos chamar de **passivo**, e um estado de **criação** que poderíamos chamar de **ativo**.

De qualquer maneira ambos os estados podem se alternar ou não, pois convivem sem nenhuma dificuldade no mesmo tempo e espaço.

O sofrimento nesse cérebro não existe como nós o entendemos.

O sofrimento no cérebro emocional assume o aspecto da **serena compaixão.**

A **dor que os homens puros experimentam** é incompreensível para nós.

Sabemos que Jesus chorou várias vezes. Mas que dor era aquela? Somos incapazes de sequer meditar sobre ela.

A dor de **Maria de Nazaré** diante de seu Filho que expirava na Cruz é uma dor bem diferente daquela que naquele mesmo momento sentia **Maria de Magdala** perante a mesma cena.

O Padre Jean-Yves Leloup, em um de seus seminários reporta sobre essas duas mulheres. Ambas choram.

Maria de Nazaré está de pé; Maria de Magdala está de joelhos.

Maria de Magdala expressa toda a sua dor humana perante a injustiça e a morte que desabaram sobre Aquele que se tornara a própria razão da sua vida.

A dor de Maria de Magdala é uma dor de quem necessita ver o Cristo ressuscitado.

A expressão de Maria de Nazaré é da dor da **compaixão pela miséria humana que levou àquela situação inaceitável.**

É a dor de quem reconhece que as coisas poderiam ser diferentes e não o são.

Mas a dor de Maria de Nazaré é aquela que transcende a noção de tempo e de espaço.

É a dor Daquela que sabe que o Cristo não está morto e por essa razão não há necessidade, para ela, de vê-lo ressuscitado posteriormente.

Os canais de acesso ao **cérebro emocional** estão em relação ao homem pelos outros cérebros que se situam na dimensão e grosseira com a qual o **ego, a personalidade** se identificam.

Mesmo assim esses canais somente estão acessíveis pelas dimensões intelectuais de cada cérebro.

Assim é possível que se acesse a estados de informações do **cérebro emocional** em um momento de contemplação ou de ação criadora dos cérebros intelectual, motor ou instintivo.

Somente após esforço real intelectual, o **ser,** o **self**, pode se manifestar no **ego**, ou o **ego** pode acessá-los.

São os momentos de iluminação ou *insight,* acessíveis pela intuição. A intuição é o sentido que hipercapacita para o acesso do conhecimento verdadeiro.

Albert Einstein relata que acessou a teoria da relatividade após um labor intelectual exaustivo.

Quando ele se aquietou impossibilitado de encontrar suas respostas no **cérebro intelectual**, num momento de grande silêncio interior, a informação se manifestou nele.

Einstein narra que permaneceu por três dias em estado de meditação profunda quando "viu" e pôde compreender a sua teoria.

Deduzimos, portanto, que a informação estava disponível em alguma dimensão do Ser.

Era necessário encontrar o caminho através do esforço.

Einstein considera essa ocorrência como uma verdade.

Ele faria posteriormente uma afirmação ultrapassaria o tempo:

"Eu penso noventa e nove vezes e nada descubro; deixo de pensar, mergulho em profundo silêncio, e eis que a verdade se me revela".[100]

"Não existe nenhum caminho lógico para a descoberta das leis elementares do Universo – o único caminho é o da intuição."[101]

Existem outros exemplos de indivíduos que acessaram a estados superiores de consciência quando atingiram estados avançados de harmonia do **cérebro motor**, pela dança e da arte em geral.

Outras pessoas estabeleceram esse relacionamento com o **cérebro emocional** pelo desenvolvimento das suas sensações trabalhando ardorosamente nas manifestações do **cérebro instintivo**.

O acesso ao **cérebro emocional,** que é a fonte de todo o conhecimento, vai acontecer no momento em que o indivíduo decide **sair de si mesmo** e caminha na direção e no sentido do **amor. A**ssim e somente assim, saindo de si, encontrar-se-á a Si.

Encontrar o **amor,** e a Si Mesmo pode acontecer quando se está vivendo intensa e verdadeiramente a relação com o "outro", com o próximo.

Uma iluminação pode ser vivenciada na emergência[102] do sentimento de afeto pelo outro. Essa emergência afetiva, é geradora da necessidade do envolvimento nas necessidades do outro. Então, pode acontecer de o **Eu Divino se manifestar** para o eu humano que se esforça.

---

[100] O Pensamento vivo de Einsten. Ediouro.Martin Claret Editores Ltda. 1986.

[101] — Idem.

[102] Ato ou efeito de emergir, de assomar, vir à superfície.

Jesus nos revelou a **epistemologia** da Boa Nova ensinando que vinha implantar o Reino de Deus na Terra, e, para tanto era necessário uma nova ordem. Também elabora no Sermão da Montanha a **pedagogia** que até hoje nos serve de roteiro. E, finalmente, nos mostrou o **como** realizar, o como acessar o conhecimento. Esse como é a **metodologia cristã,** cantada por Jesus na Parábola do Bom Samaritano; porque Jesus não falava, Ele cantava. E seu canto se dava numa frequência Divina aprendida pelos Cristãos Primitivos. Durante mais de três séculos, os Cristãos repetiam os solfejos de Jesus. E o Divino se manifestava entre Eles.

Jesus nos diz que quando conseguimos descobrir no trabalho de soerguimento do "outro" do "caído" a oportunidade de realizar a contemplação do Deus que vive em nosso irmão, reconheceremos por consequência o Reino dos Céus.

Observando o "outro" e compartilhando com ele a dor e a alegria é possível, por um processo natural, observar o correspondente em si mesmo. O "outro" é o espelho que reflete a nossa própria imagem.

Se eu consigo ver o Amor nas entranhas do meu irmão caído, esse Amor refletirá o meu próprio Amor. Então estarei vendo o próprio Reino dos Céus.

O Deus que está em mim, saúda o Deus que está em ti: *Namastê.*

O Ser que eu Sou se encontra comigo mesmo quando contemplo o Ser que você É.

Então, no momento que eu **sou tomado de compaixão,** eu encontro o caminho que leva à compreensão e ao amor; esse é o caminho do acesso a todo o conhecimento.

Todos os indivíduos independentemente de classe, possibilidade ou vocação podem acessar o **amor** e por consequência todo o conhecimento; porque o amor é a fonte da suprema sabedoria. Aquele que ama sabe.

Há inúmeros caminhos que nos conduzem aos estados superiores de consciência. O caminho do intelecto; da coordenação e harmonia dos movimentos; da habilidade e desejo sincero de se entregar ao serviço do bem comum.

Na dimensão emocional do Ser, a Humanidade se encontrará, se reunirá, terá **unicidade.**

Ah! Então!

Quando estivermos lá seremos **unos** com o **cosmos** e ao mesmo tempo permaneceremos indivíduos maravilhosamente únicos.

O tempo e o espaço existirão para nós em perspectiva que no momento nos é inimaginável.

Sairemos da ilusão do tempo enquanto sensação de sucessivo para viver o eterno, o simultâneo, o para sempre.

Na simultaneidade do *verso* nos tornamos *uno.* Esse universo de Amor. Fomos criados, cada um de nós, pelo Verbo que não se repetirá, fazendo-nos absolutamente únicos. Essa Palavra Divina que somos nós mesmos em essência será finalmente cantada em todas as suas notas e ouvida em toda a sua grandeza, porque então teremos retornado à Casa do Pai.

O amor chegou assim

O amor chegou

E foi bem assim

Veio de mansinho,

Feito um passarinho

Que deixou o ninho

Só prá cantar prá mim.

Como a flor mais bela

Eu vejo da janela

A pequena rosa

Essa flor mimosa

Aqui no meu jardim.

E foi bem assim

Como eu contei

O amor mais puro

Daquele jeitinho

Que eu sempre esperei.

"Um novo vos dou: Que vos ameis uns aos outros; como eu
vos amei a vós, que também vós uns aos outros vos ameis."103

O Poder da emoção

O poder da criação artística está contido no **cérebro emocional** que vai manifestar a faculdade criadora na vida ordinária de relação pela parte intelectual dos cérebros motor e instintivo.

Caso a parte intelectual dos cérebros motor e instintivo não estejam bastante educadas ou não lhe corresponderem em seu desenvolvimento, esta faculdade pode manifestar-se nos sonhos. Isso explica a beleza, às vezes maravilhosa, dos sonhos de certas pessoas que, por outro lado, não são nada artistas.

É também no Cérebro Emocional que se encontra a sede principal do **vórtice magnético** [104]

---

[103] Jesus. Bíbilia Sagrada. João 13, 14.

[104] Gurdjieff e Ouspensky chamam de centro magnético. Lembram que considerei melhor denominar vórtice. É uma expressão muito usada

Significa que, se o **vórtice magnético** só existir no cérebro intelectual ou nos outros dois cérebros que são os correspondentes grosseiros do centro emocional, ele – *o vórtice magnético* - não será bastante forte para que sua ação seja efetiva e estará suscetível de cometer erros ou de fracassar.

No cérebro motor a parte mecânica é automática.

Todos os movimentos automáticos que, na linguagem corrente são chamados "instintivos", lhe pertencem, assim como a imitação e a capacidade de imitação, que tão grande papel desempenha na vida.

A parte emocional do cérebro motor corresponde, sobretudo, ao prazer do movimento.

A paixão pelos jogos e pelos esportes normalmente deveria depender desta parte do cérebro motor, mas quando as identificações com outras sensações se mesclam, é raro que ocorra assim.

Na maioria dos casos, a paixão pelos esportes se encontra na parte motora do cérebro intelectual ou do cérebro sensorial.

Assim, uma pessoa pode "amar" o esporte, praticar o esporte, mas não possuir talento.

Isso ocorre porque, quem está agindo é o cérebro intelectual ou o instintivo no lugar do cérebro motor.

E eles não são eficazes no desempenho desse papel.

A parte intelectual do cérebro motor é um instrumento muito importante e muito interessante.

É o trabalho físico bem feito, não importa qual.

A invenção de pequenos métodos diários para tudo que fazemos.

O trabalho da parte intelectual e emocional do cérebro motor juntos atinge um grau superior de atuação física: imitação de voz, entonações, gestos dos outros, dança, manuseio de instrumentos musicais... etc.

No cérebro instintivo o desempenho de suas partes ainda é muito obscuro para nós.

O que nos é possível observar é a sua parte sensorial e emocional. A parte intelectual do cérebro instintivo ocupa um lugar muito grande e muito importante.

É possível entrar em contato com a parte intelectual do centro instintivo quando se está próximo do estado de consciência de si.

Esse contato permite colher informações e dados sobre o funcionamento da máquina orgânica e sobre suas possibilidades.

A parte intelectual do cérebro instintivo nada tem em comum com o cérebro intelectual.

A parte emocional do cérebro instintivo absorve sensações que confundimos com emoções.

Ocorre que em razão da sua raiz pertencer ao corpo observamos que são manifestações grosseiras e não pertencem à dimensão do cérebro emocional.

Advém da parte emocional do cérebro instintivo as manifestações de humorismo barato, gracejos estereotipados, sentido de comicidade mais grosseiro, gosto da excitação, amor aos espetáculos "sensacionais", aos desfiles, sentimentalismo, prazer de se encontrar na multidão.

Fazer parte da multidão, atração pelas sensações coletivas de todas as espécies, tendência a afundar por completo nas sensações de baixo teor, animalizadas: crueldade, egoísmo, covardia, inveja, ciúme, são expressões da parte emocional do cérebro instintivo.

A parte emocional do centro instintivo pode comportar também, o senso do humor ou senso do cômico, bem como a sensação religiosa, a sensação estética, a sensação moral.

As sensações da parte emocional do cérebro instintivo podem levar ao despertar da consciência moral, mas com a identificação, tudo pode se converter em algo muito diferente.

A parte emocional do centro instintivo, quando as sensações não atingem um grau mínimo para entrar em ressonância com vibrações cósmicas, pode ser muito irônica, zombeteira, sarcástica, **pode ser má**, obstinada, cruel e ciumenta.

Entretanto nada se compara mais em primitivismo do que a parte mecânica do cérebro instintivo.

Ela compreende as sensações habituais que, com frequência não notamos em absoluto, mas que servem de base às outras sensações.

São os movimentos instintivos, movimentos internos, reflexos internos e externos bem como **sensações muito grosseiras de comprazimento no mal.**

O estudo dos cérebros exige que estejamos constantemente nos lembrando de nós mesmos.

No estado de consciência de sono, ou mesmo no estado semidesperto, esse estudo é impossível.

Estudar e aprender a como se faz para fixar a atenção é importante.

Mas é necessário algum grau de lembrança de si mesmo até para desejar estudar a atenção. Um certo grau de maturidade do Ser, especialmente do senso moral.

Enquanto providência, a mudança de hábitos é inadiável.

Por isso que os hábitos são, no dizer comum, o segundo homem. Mas podemos dizer que são o primeiro homem, muito provavelmente.

O Espírito Emmanuel advertiu o médium mineiro Francisco Cândido Xavier de que para que não viesse a fracassar na missão que lhe estava destinada eram necessárias três ações:

disciplina, disciplina e disciplina.

O selvagem não tem nenhuma responsabilidade pelos atos que realiza nas dimensões primitivas do Amor, justamente porque está em processo de construção. Mas não é o nosso caso.

A lei de amor

8. O amor resume a doutrina de Jesus inteira, visto que esse é o sentimento por excelência, e os sentimentos são os instintos elevados à altura do progresso feito.

Em sua origem, o homem só tem instintos; quando mais avançado e corrompido, só tem sensações; quando instruído e depurado, tem sentimentos.

E o ponto delicado do sentimento é o amor, não o amor no sentido vulgar do termo, mas esse sol interior que condensa e reúne em seu ardente foco todas as aspirações e todas as revelações sobre-humanas.

A lei de amor substitui a personalidade pela fusão dos seres; extingue as misérias sociais.

Ditoso aquele que, ultrapassando a sua humanidade, ama com amplo amor os seus irmãos em sofrimento!

Ditoso aquele que ama, pois não conhece a miséria da alma, nem a do corpo.

Tem ligeiros os pés e vive como que transportado, fora de si mesmo. Quando Jesus pronunciou a divina palavra — amor —, os povos sobressaltaram-se e os mártires, ébrios de esperança, desceram ao circo.

O Espiritismo a seu turno vem pronunciar uma segunda palavra do alfabeto divino.

Estai atentos, pois que essa palavra ergue a lápide dos túmulos vazios, e a reencarnação, triunfando da morte, revela às criaturas deslumbradas o seu patrimônio intelectual.

Já não é ao suplício que ela conduz o homem: condu-lo à conquista do seu ser, elevado e transfigurado.

O sangue resgatou o Espírito e o Espírito tem hoje que resgatar da matéria o homem.

Disse eu que em seus começos o homem só instintos possuía.

Mais próximo, portanto, ainda se acha do ponto de partida do que da meta, aquele em quem predominam os instintos.

A fim de avançar para a meta, tem a criatura que vencer os instintos, em proveito dos sentimentos, isto é, que aperfeiçoar estes últimos, sufocando os germens latentes da matéria.

Os instintos são a germinação e os embriões do sentimento; trazem consigo o progresso, como a glande encerra em si o carvalho, e os seres menos adiantados são os que, emergindo pouco a pouco de suas crisálidas, se conservam escravizados aos instintos.

O Espírito precisa ser cultivado, como um campo. Toda a riqueza futura depende do labor atual, que vos granjeará muito mais do que bens terrenos: a elevação gloriosa.

É então que, compreendendo a lei de amor que liga todos os seres, buscareis nela os gozos suavíssimos da alma, prelúdios das alegrias celestes.

Lázaro.[105] *(Paris, 1862.)*

---

[105] O Evangelho Segundo o Espiritismo. Allan Kardec. Editora FEB. Capitulo XI, 8.

Então amar. Aprender amar.

O aprendizado do amor não é possível sem disciplina.

A disciplina está situada calcada na humildade.

Somente após alcançar a plataforma da humidade pode o homem pensar em construir em si mesmo a disciplina.

Antes disso se perderá na mecanicidade, nos enganos do mundo, nas distrações.

Será mero joguete das forças exteriores e das circunstâncias.

No processo de evolução houvemos de superar as condições da matéria inóspita e das condições primitivas da nossa Terra.

Nesses comenos havia o império de uma única lei praticamente: a da **conservação** para garantir a **sobrevivência.**

É a fase do egoísmo e do orgulho. Eles desempenharam papel definidor na garantia da preservação da espécie.

Só o forte sobrevive. Então era preciso ter o **poder** sobre a tribo e **acumular** bens de manutenção.

Nesta fase, cada vez que o homem conseguia sobressair no grupo seu organismo lhe respondia de forma prazerosa produzindo humores extasiantes.

O homem foi relacionando o prazer ao poder.

E depois o prazer à posse de bens que lhe garantiam a manutenção da própria vida.

O prazer de mandar, o prazer de comer, o prazer de possuir. Era assim e assim devia ser.

Esses humores criaram condicionamentos e o homem entrou numa roda sem fim: para sentir prazer precisava mandar ou possuir, ou ambos.

A evolução trouxe o processo civilizatório.

Com a civilização as noções mais sutis da Vida, os conceitos da ética e da moral.

As conquistas da indústria e da tecnologia melhoraram as condições de segurança e atendimento às necessidades mais básicas.

Entramos numa fase em que o poder e o ter não são mais indispensáveis para a manutenção da vida.

Ampliamos a nossa compreensão sobre o Universo e descobrimos que somos mera poeira galáctica.

Descobrimos tanta coisa interessante, em especial que jamais fomos o **centro do universo** e que Deus existe e não escolhe ninguém em especial; que Deus governa o Universo através de leis naturais e imutáveis e que a elas tudo está sujeito.

Então é chegada a hora de submeter-se a essa Soberania absoluta. Deus.

Mas os condicionamentos do orgulho e do egoísmo ainda falam muito alto. Estamos **viciados** no prazer do poder e no prazer do ter.

Muitos de nós nos comprazemos nessa faixa vibratória da qual já poderíamos ter saído.

Então acessar a plataforma da **humidade** é a primeira tarefa para vermos a face de Deus.

E o meio eficaz para isso é o combate diário e incessante contra os vícios do orgulho e do egoísmo.

Porque somente assim nos submeteremos às Leis do Universo sem rebeldia.

Acessada a plataforma da **humildade** estamos a um passo de alcançar a **disciplina.**

Na plataforma da humildade podemos iniciar a modificação dos padrões de comportamento que até então foram os Senhores de nós mesmos.

Começamos a sair da lei do determinismo para iniciar a experiência do livre arbítrio.

Então substituir comportamentos, porque eles compõem a personalidade e não integram a essência.

Por isso podem ser substituídos sem nenhum problema e com grande ganho

A vaidade pela discrição; a crueldade pela bondade; a mesquinhez pela grandeza; a arrogância pela modéstia; a dureza pela brandura; a avareza pela generosidade.

Adotados, desenvolvidos e sedimentos os comportamentos adequados ao padrão civilizatório ao qual já pertencemos, é possível acessar as primeiras expressões da **disciplina.**

A disciplina levará o homem a encontrar uma força psíquica que o ajudará a manter os planejamentos: **a perseverança.**

A perseverança descortinará para o homem a força da **fé.**

A fé, essa capacidade de fazer conexões, de **ver além.**

De acreditar que algo vai dar certo porque ele já enxergou os resultados das ações que ainda não realizou.

A fé essa força poderosa.

"Agora a fé é a substância das coisa que você espera que aconteça, a evidência das coisas que não são vistas"[106].

---

[106] Bíbilia Sagrada.Hebreus 11:1

A fé há que estar fundamentada na razão e somente nessa condição é inabalável: *"fé inabalável só o é a que pode encarar a razão frente a frente em todas as épocas da humanidade"*[107].

A fé permitirá ao homem racionar em termos de eternidade e infinito e assim ele encontra a **esperança**.

Porque a esperança é uma **força do psiquismo**. A energia de alento, compreensão, entendimento.

A esperança e a fé juntas colocarão o homem na plataforma da **caridade** que lhe permitirá acessar posteriormente a Verdade: O Espírito de Verdade.

Acessada a plataforma da **caridade** o homem estará verdadeiramente salvo da **lei do acidente**. Porque finalmente será livre.

Dentro da **caridade** o homem passa a viver na dimensão do seu **centro emocional** e será o Senhor de Si Mesmo.

De tal maneira a **caridade** é o derradeiro degrau na escala da evolução possível aos seres humanos da Terra, que Jesus a coloca como condição sem a qual não será possível salvar-se.

E Allan Kardec haveria de cunhar a expressão: **fora da caridade não há salvação**.

886. Qual o verdadeiro sentido da palavra caridade, como a entendia Jesus? "[108]
Benevolência para com todos, indulgência para as imperfeições dos outros, perdão das ofensas."
O amor e a caridade são o complemento da lei de justiça, pois amar o próximo é fazer-lhe todo o bem que nos seja possível e que desejáramos nos fosse feito.

---

[107] O Evangelho Segundo o Espiritismo. Allan Kardec. Editora FEB. Capítulo XIX,7.

[108] O Livro dos Espíritos. Allan Kardec. Editora FEB. Questão 886.

Tal o sentido destas palavras de Jesus: Amai-vos uns aos outros como irmãos.

A caridade, segundo Jesus, não se restringe à esmola, abrange todas as relações em que nos achamos com os nossos semelhantes, sejam eles nossos inferiores, nossos iguais, ou nossos superiores.

Ela nos prescreve a indulgência, porque de indulgência precisamos nós mesmos, e nos proíbe que humilhemos os desafortunados, contrariamente ao que se costuma fazer.

Apresente- -se uma pessoa rica e todas as atenções e deferências lhe são dispensadas. Se for pobre, toda gente como que entende que não precisa preocupar-se com ela.

No entanto, quanto mais lastimosa seja a sua posição, tanto maior cuidado devemos pôr em lhe não aumentarmos o infortúnio pela humilhação.

O homem verdadeiramente bom procura elevar, aos seus próprios olhos, aquele que lhe é inferior, diminuindo a distância que os separa.

Paulo de Tarso haveria de dizer na primeira epístola aos Coríntios que a fé, a esperança e caridade permanecem, mas das três virtudes a mais excelente é a caridade.

Porque a fé e a esperança estão situadas nas dimensões do corpo, da mente e do psiquismo.

A **caridade,** entretanto, compõe a estrutura do Espírito, do Ser Imortal.

A **caridade** e o **amor** são uma e a mesma coisa.

Na caridade está todo o conhecimento possível ao homem.

Em O Evangelho Segundo o Espiritismo, Allan Kardec organiza essa epístola de Paulo sob o título *"Necessidade da caridade segundo São Paulo".*

Significa que de tal maneira estamos envolvidos com a caridade, que a sua prática é uma necessidade.

O iluminado psicólogo Abrahão Maslow, haveria de dizer, em meados do século passado, que os seres humanos estamos circunstanciados pela força das necessidades.

Essa visão de Maslow, a mim me parece, uma releitura da filosofia de São Vicente de Paulo cujas ideias passaram à posteridade, empobrecidas.

Necessidades precisam ser atendidas

Sendo a caridade uma necessidade, ela precisa ser atendida. Sem a prática da caridade na sua integralidade, não alcançaremos o topo da pirâmide das necessidades de Maslow, como é conhecida.

A individuação, o acesso ao conhecimento, depende da prática da caridade.

Por isso que o **amor é a fonte do conhecimento.** O amor é uma linda varanda que nos permite contemplar e perceber a Vida na sua inteireza e magnitude.

Uma casa de varanda

Uma casa de varanda,
Bem no alto da montanha
Onde o vento canta livre
E o amor é cultuado
Uma casa de varanda
Lá no alto da montanha
Onde eu ando sem amarras
E espero o Ser Amado
Na varanda, o Ser Amado,
Onde espero, onde espero,
Na varanda, na varanda...

Rondônia

CANÇÃO DO EXÍLIO "II" (uma Paródia)

Já faz tempo aqui cheguei
Era escrito "não há volta"
Um exílio bem parece
Ou quem sabe... nova rota?

Todos logo me disseram
Qu'era grande punição
Deixar tudo, ir tão longe
Não tem outra explicação

E então fui conhecendo
O qu'havia no lugar
A tristeza foi embora
Quando vi o seu luar

E falei aos meus amores
Do belo no belo Norte
Mas nem todos acreditam
Não entendem minha sorte!

Recordei Gonçalves Dias
E fiquei emocionada
Também eu estava longe
Também eu era exilada...

Nesta terra tem os rios
Onde nadam Tambaquis
Os peixes que aqui vivem
São tão belos como aí

Tem o Boto Cor-de-Rosa
Cuja lenda bem contada
Resolve todo problema
Da Donzela atormentada

Se o Boto é o pai
Do bebê... daquele corpo...
Não há culpa, só espera...
Ninguém pensa no aborto

Já não vejo a Gralha Azul
Dos pinhais... no Paraná
Mas existe o Curió,
Qu'é daqui e qu'é de lá!

E assim vamos vivendo
Numa terra abençoada
Fazendo grandes avanços
Vencendo nova jornada!

Terra nova, terra virgem
Comecei a entender...
Não exílio... um recanto!
Um lugar para crescer!

Araucária imponente
Dá lugar à Castanheira
Que me acolhe em seu regaço
E se torna companheira

Tem também o Rio Madeira
Moldurando o pôr-do-sol
Para a alma indica rumos
Toma vezes de um farol

Rio Madeira... confidente
Sabe tudo sobre mim
Levou risos... lavou prantos
Acalmou a dor, enfim!

Tantas vezes te contemplo
E termino vendo Deus
Deus em ti, meu Rio Madeira
Enxugando os olhos meus

Eu te amo Rio Madeira
O pôr-do-sol, e o teu luar
São tão ricos, são tão belos...
Impossível não amar!

Muita bênção tem aqui
Neste exílio tão cuidado
Parece que Deus premia
Às vezes o condenado!

Márcia Regina Pini

11 de outubro de 1981

Márcia Regina Pini

Nascida em Paranavaí - PR, no dia 11 de outubro de 1957, filha do Senhor João Pini Filho e da Dona Benedita Aparecida Ferreira Pini.

Advogada formada pela Universidade Estadual de Londrina, Especialista em Metodologia do Ensino Superior e em Governança Corporativa.

Advogada da União Aposentada.

Exerceu cargos de assessoramento no Governo do Estado de Rondônia, Tribunal de Contas e Tribunal de Justiça.

Integrou a equipe que realizou os principais atos legais no processo de mudança do Território Federal de Rondônia para Estado de Rondônia e os atos legais de estrutura do Estado, tais como o Código de Organização e Divisão Judiciária do Estado de Rondônia; Lei Orgânica do Ministério Público; estrutura jurídica do Banco do Estado de Rondônia; estrutura jurídica de empresas públicas e de economia mista do Estado de Rondônia; implantação do serviço assistência jurídica aos necessitados – Defensoria Pública.

Participou ativamente na implantação do Tribunal de Justiça do Estado de Rondônia, assessorando o Desembargador Fouad Darwich Zacharias, sendo a redatora dos primeiros atos legais da sua estrutura interna.

Dedicou-se à Defensoria Pública do Estado de Rondônia na sua implantação no ano de 1983 e posteriormente os últimos doze anos da sua carreira na condição de cedida pela Advocacia Geral da União.

Conselheira da Federação Espírita Brasileira.

Presidiu a Federação Espírita de Rondônia por quinze anos.

Coordenadora do Instituto Cultural e Educacional Espírita André Luiz em Porto Velho-RO.

Coordenadora do Instituto Rousseau em Belo Horizonte.

Mãe de onze filhos e avó de seis netos até a data de hoje (09/09/2020).

BIBLIOGRAFIA

ALÉM DA MORTE. Espírito Otília Gonçalves. Divaldo Pereira Franco. Editora Leal

AVE, CRISTO. Espírito Emmanuel. Francisco Cândido Xavier.Editora Federação Espírita Brasileira.

CAMINHO, VERDADE E VIDA. Espírito Emmanuel. Francisco Cândido Xavier. Ed. Federação Espírita Brasileira.

CAMINHOS DA REALIZAÇÃO - Dos medos do eu ao mergulho no Ser. Jean-Yves Leloup. Editora Vozes.

CONCENTRAÇÃO E MEDITAÇÃO. Swami Sivananda. Editora Pensamento.

EINSTEIN. O Enigma do Universo. Huberto Rohden. Editora Alvorada.

EM BUSCA DE SENTIDO – Um Psicólogo No Campo de Concentração. Viktor Emil Frankl. Editora Sinodal.

FILHO DE DEUS. Joanna de Ângelis. Divaldo Pereira Franco. Editora LEAL.

FONTE VIVA. Francisco Cândido Xavier. Emmanuel. Ed. Federação Espírita Brasileira.

FRAGMENTOS DE UM ENSINAMENTO DESCONHECIDO – Em Busca do Milagroso - de Piotr Demianovich Ouspensky, Editora Pensamento

JESUS E ATUALIDADE e toda a SÉRIE PSICOLÓGICA de Joanna de Ângelis, Editora LEAL.

MEDITAÇÃO. Muniz Sadu. Editora Pensamento.

MEDITAÇÃO NA AÇÃO. Chögyam Trungpa. Editora Cultrix.

MISSIONÁRIOS DA LUZ. Espírito André Luiz. Francisco Cândido Xavier. Editora Federação Espírita Brasileira.

O CONSOLADOR. Espírito Emmanuel. Francisco Cândido Xavier. Federação Espírita Brasileira.

O PENSAMENTO VIVO DE EINSTEIN. Martin Claret Editores Ltda. 1986

O PROFETA. Khalil Gibran. L&pm Editores, 2001.

O DESCONHECIDO E OS PROBLEMAS PSÍQUICOS. Camilo Flammarion. Editora Federação Espírita Brasileira.

O ESPAÇO INTERIOR DO HOMEM. Angela Maria La Salla Batà. Editora Pensamento.

O EVANGELHO SEGUNDO O ESPIRITISMO. Allan Kardec. Editora Federação Espírita Brasileira.

O LIVRO DOS ESPÍRITOS. Allan Kardec. Editora Federação Espírita Brasileira.

PÃO NOSSO. Espírito Emmanuel. Francisco Cândido Xavier. Editora Federação Espírita Brasileira.

O SERMÃO DA MONTANHA. Emmet Fox, Editora Record.

O SERMÃO DA MONTANHA SEGUNDO O VEDANTA. Swami Prabavananda, Editora Pensamento.

PARA VIVER A GRANDE MENSAGEM. Richard Simonet. Editora Federação Espírita Brasileira.

PAULO E ESTÊVÃO. Espírito Emmanuel. Francisco Cândido Xavier Editora Federação Espírita Brasileira

PSICOLOGIA DA EVOLUÇÃO POSSÍVEL AO HOMEM. Piotr Demianovich Ouspensky. Editora Pensamento.

PSICOLOGIA E RELIGIÃO. Carl Gustav Jung. Editora Vozes.

RENÚNCIA. Espírito Emmanuel. Francisco Cândido Xavier. Editora Federação Espírita Brasileira.

SINAL VERDE. Espírito André Luiz. Francisco Cândido Xavier. Editora Federação Espírita Brasileira.

VIDA FELIZ. Divaldo Pereira Franco. Joanna de Ângelis. Ed. LEAL.

ÍNDICE

Made in the USA
Columbia, SC
23 November 2024

46767633R00131